Lissabon

Gerd Hammer

Inhalt

Bemv

»Für den Reisenden, der sich auf dem Seeweg nähert, erhebt
sich Lissabon, selbst von weither, wie ein schönes Traumge-
sicht, gestochen scharf steht es vor einem strahlend blauen
Himmel, den die Sonne mit ihrem Gold erheitert. Kuppeln,
Denkmäler, das alte Kastell ragen über die Menge der Häuser
hinaus wie weit vorgerückte Boten dieses entzückenden

ndos!

Fleckens, dieses gesegneten Landstrichs.« So beschrieb Fernando Pessoa sein geliebtes Lissabon im Jahr 1925. Faszinierend ist bis heute die Gesamtansicht der lebendigen und geschichtsträchtigen Stadt, beeindruckend die Details und Nischen, die es nach wie vor zu entdecken gilt – Oasen der Stille und Besinnlichkeit inmitten der modernen Metropole.

Lissabon
"Stadt des Lichts"

Lissabon, die Hauptstadt Portugals und oft als schönste Stadt der Erde bezeichnet, zeigt sich sogleich in all ihrer Pracht, wenn man sich ihr von Süden kommend über die Brücke des 25. April nähert. Normalerweise hat man wegen der notorischen Staus auf der Brücke ausreichend Zeit, die Aussicht auf die unweit der Atlantikmündung am Tejo gelegene Stadt zu genießen. Auf sieben Hügeln wurde sie angeblich erbaut, die aber lange schon für die beständig wachsende Bevölkerung nicht mehr ausreichen. Von Belém im Westen bis zum Altstadtviertel Alfama und der neuen Brücke Vasco da Gama reicht der Blick – nicht nur geographische Gegenpole. Von Belém brachen die Seefahrer vor 500 Jahren auf, neue Welten zu entdecken. Dort steht ihnen zu Ehren der Torre de Belém, das Wahrzeichen Lissabons. Auch das gewaltige manuelinische Hieronymitenkloster zeugt von dem ungeheuren Reichtum, den die Entdeckungen dem kleinen Land brachten. Auf der anderen Seite, an der Stelle, wo die neue Brücke die Stadt mit dem anderen Tejo-Ufer verbindet, hat sich Portugal mit der Weltausstellung

EXPO '98 endgültig als modernes europäisches und zukunftsorientiertes Land präsentiert. Mit dem Thema der Weltausstellung »Ozeane, Erbe für die Zukunft« erinnerte Portugal an seine Tradition als Seefahrernation.

Lissabon ist das Zentrum des Landes, oft auch als ›bürokratischer Wasserkopf‹ bezeichnet. Hier ist der Sitz des Parlaments, und hier finden fast alle wichtigen politischen und kulturellen Ereignisse statt.

Bis in die 70er Jahre des 20. Jh. galt Portugal noch vielen als Provinz Spaniens, Lissabon war eine eher unbekannte Größe. Dann kam am 25. April 1974 die Nelkenrevolution und beendete fast 50 Jahre Diktatur. Das Land öffnete sich Europa, und seither besuchen Touristen aus aller Welt – 20 Mio. jedes Jahr – Portugal, begeben sich in Lissabon auf die Spuren des Dichters Fernando Pessoa, besuchen die Cafés und Esplanaden und hören Fado in der Alfama oder im Bairro Alto.

Des Deutschen beliebteste Frage ist die nach der Einwohnerzahl, eine Frage, die von Portugiesen zumeist mit verständnislosem Kopfschütteln beantwortet und

Lissabonner Cafés sind wichtige Orte des sozialen Lebens

als ›typisch deutsch‹ betrachtet wird. Zahlen existieren dennoch, die letzte, 1991 durchgeführte Zählung kommt auf 663 394 Einwohner, im Großraum Lissabon leben ca. 2,5 Mio. Menschen, mehr als ein Viertel aller Portugiesen.

Von der Burg aus, dem Castelo de São Jorge, kann der Besucher Lissabon gut überblicken. Hier kann er sich auch die Frage stellen, wie man es die ›weiße Stadt‹ nennen konnte, denn dominierend sind im sanften Licht Ocker und das Rot der Dächer. Am schönsten ist es übrigens im Spätsommer und im Frühling, wenn die Schatten länger sind und die Sonne nicht so heiß ist.

Das Viertel rund um die Burg bildet den ältesten Teil der Stadt. Früh schon siedelten Iberer und Kelten an der ruhigen Tejo-Mündung. Auf Plinius d. Ä. geht die Legende zurück, daß Odysseus die Stadt gründete. Um 1000 v. Chr. gaben die Phönizier ihrer Siedlung auf dem heutigen Hügel São Jorge den Namen ›Liebliche Bucht‹, Alis Ubbo. Funde unter der Casa dos Bicos belegen allerdings auch die Präsenz der Griechen.

Olissipo nannten die Römer die Stadt, die sie ab 205 v. Chr. beherrschten. Nach der Vertreibung der Römer eroberten Alanen und Sueben Lissabon, 419 wurde es von den Goten geplündert. Von 585 an lag die Stadt in den Händen der Wisigoten. Mit der Schlacht von Guadalete 711 begann die maurische Epoche. Erst 1147 gelang es Dom Afonso Henriques nach zwölf Wochen der Belagerung, die Stadt zurückzuerobern. Noch heute ist arabischer Einfluß spürbar. An das Burgviertel schließen sich die Alfama und die Mouraria an, Viertel, die auch in ihrem Namen noch die arabische Herkunft verraten. Nach der Rückeroberung durften die Araber nur noch in der Mouraria wohnen. Hier herrscht noch die alte Architektur vor. Alles ist verwinkelt und eng, die Häuser scheinen sich über dem Spaziergänger zu wölben. Unvermittelt steht man auf einem Platz mit herrlichem Blick oder vor einem der zahlreichen kleinen Lokale, aus denen Musik dringt. Immer seltener hört man den traditionellen Fado-Gesang, Popmusik und Techno schallen nunmehr durch Gassen und Sträßchen.

In strenger Symmetrie: Nach dem Erdbeben 1755 wurden Viertel und Straßen Lissabons neu angelegt

Ihre Unversehrtheit verdanken diese Viertel ihrer Höhenlage. Die tiefer am Fluß gelegenen Teile dagegen wurden 1755 von dem großen Erdbeben und den nachfolgenden verheerenden Flutwellen und Bränden zerstört. Vom Hügel São Jorge kann man gut erkennen, wie der Marquês de Pombal die Unterstadt, die Baixa, in strenger Geometrie wieder aufbauen ließ. Die Stadtväter dankten es ihm mit einer Statue am Ende der Avenida da Liberdade.

Nachdem die Praça do Comércio, die die Lissabonner immer noch hartnäckig Terreiro do Paço nennen, lange Zeit als Großparkplatz mißbraucht wurde, präsentiert sie sich jetzt autofrei und wieder von ihrer schönsten Seite. Das gilt auch schon bald wieder für den Rossio, Lissabons Hauptplatz und einst Treffpunkt der Bürger. Noch aber wird hier gebaut, die U-Bahn erweitert. Baustellen nebst Baulärm finden sich in der gesamten Stadt, auch das 1988 durch einen Brand verwüstete Chiado-Viertel ist noch nicht ganz wiederhergestellt. Die ganze Stadt befindet sich momentan im Umbruch.

Die beschauliche Zeit der Kaffeehäuser und der Künstlertreffs ist wohl vorbei. Lissabon bemüht sich, auch mit Hilfe von EU-Geldern, eine moderne Metropole zu werden. Als Lissabon 1992 den Zuschlag zur EXPO '98 bekam, wurden ehrgeizige Pläne zur Sanierung und Modernisierung der Stadt verabschiedet – doch auch nach der Weltausstellung sind noch nicht alle Projekte und Bauvorhaben realisiert. Millionen von Menschen besuchten die Weltausstellung in Lissabon. Auch zwei Jahre nach Ende der EXPO lohnt sich der Weg zum Ausstellungsgelände, das nun Parque das Nações heißt. Hier entsteht bis 2010 ein neues, schon jetzt lebendiges Stadtviertel, und hier findet sich auch das neue Messegelände. Im ehemaligen Utopien-Pavillon finden regelmäßig Musikveranstaltungen statt, Europas größtes Ozeanarium ist weiterhin geöffnet und einige architektonisch interessante Pavillons werden von der Regierung genutzt. Sehenswert ist auch die schön gestaltete U-Bahnstation Estação do Oriente (mit Wandbildern von Hundertwasser).

In neuer Pracht: Die Praça do Comércio – lange Zeit ein Großparkplatz – wurde neu gestaltet

Vor dem traditionsreichen Café A Brasileira trifft man inzwischen wieder auf den Dichter Fernando Pessoa. Seine Bronzestatue, mit der sich die Touristen so gerne fotografieren lassen, hatte zeitweise einer weiteren U-Bahnbaustelle weichen müssen. Die Lebenslust und Liebe zu ihrer Stadt können diese Veränderungen den Lissabonnern aber nicht nehmen. Die Jugend amüsiert sich im Bairro Alto oder in den Diskotheken an der Rua 24 de Julho und in den allerneuesten Treffs am Tejo-Ufer – bis in die Morgenstunden. Längst sind moderne Einkaufszentren wie das Amoreiras Shopping-Center oder einer der größten Konsumtempel Europas, das Columbus-Center in Benfica, vielen Portugiesen wichtiger, als die kleinen Drogerien und Eckläden, die es jedoch immer noch in großer Zahl gibt.

Auch die Armut hat vermehrt Einzug in der Stadt gehalten. Berüchtigt sind das Drogenviertel Casal Ventoso oder die Ghettos und Hütten am Stadtrand. Aber auch überall im Zentrum trifft der Besucher auf selbsternannte Parkplatzeinweiser und Bettler, die ihre Wunden für ein Almosen zur Schau stellen.

Gewiß, die Stadt lebt von Gegensätzen, zwischen armen Vierteln und den teuren Geschäften der Avenida de Roma, zwischen Neubauvierteln und dem historischen Zentrum, zwischen den altmodischen Straßenbahnen und hochmodernen Niederflurwagen. Aber inmitten alldem hat sich ein Lebensstil erhalten, der immer noch Zeit für eine *bica*, den geliebten Kaffee, und ein ausführliches Gespräch mit Freunden läßt.

In der Umgebung von Lissabon finden sich attraktive Ausflugsziele. Der kilometerlange Strand von Caparica südlich des Tejo etwa ist einer der schönsten des Landes. Sehenswert ist der Nationalpalast von Queluz, in dem Staatsgäste empfangen werden, und das nahe Sintra. Etwas weiter entfernt dominiert ein gewaltiges Kloster die Stadt Mafra, und am Meer verlockt das beschauliche Ericeira zu einem Kurzurlaub. Und wer dann im milden Licht der Abendsonne nach Lissabon zurückkehrt, wird den Wunsch verspüren, immer wieder zurückzukommen.

Denkmal der Entdeckungen

um 1000 v. Chr.	Auf dem heutigen Burghügel gründen die Phönizier die Siedlung Alis Ubbo.
205 v. Chr.	Die Römer erobern die Stadt und nennen sie Olissipo, unter Cäsar heißt sie Felicitas Julia.
ab 407 n. Chr.	Nach der Vertreibung der Römer erobern Germanenvölker die Stadt, ab 585 beginnt die Herrschaft der Wisigoten. Die erste Stadtmauer und die Kathedrale, Sé Patriarcal, werden errichtet.
711	Nach der Schlacht von Guadalete erobern die Araber Lissabon und den Süden der Iberischen Halbinsel.
bis 1147	Lissabon wird mehrfach belagert und geplündert. Erst unter Dom Afonso Henriques, unterstützt von Kreuzfahrern aus England, Deutschland und Flandern, wird es 1147 endgültig zurückerobert. Die Stadt zählt 12 000–15 000 Einwohner.
1255	Dom Afonso III verlegt den Königshof von Coimbra nach Lissabon, Hauptstadt des Königreichs.
1497	Vasco da Gama beginnt seine Indienfahrt.
16. Jh.	Lissabon entwickelt sich zu einer der prächtigsten Städte Europas mit 100 000 Einwohnern, der Hafen ist wichtiger Umschlagplatz für Güter aus Übersee.
1755	Am 1. November zerstören ein Erdbeben und Brände zwei Drittel der Stadt, ca. 60 000 Menschen sterben. Der Marquês de Pombal leitet den Wiederaufbau ein.

19. Jh.	Französische Invasion. Portugal verlegt seinen Königshof nach Rio de Janeiro. Es folgen Auseinandersetzungen zwischen Miguelisten, Anhängern von König Miguel, und Liberalen, die 1832–34 zum Bürgerkrieg führen. Nach dem Sieg der Liberalen folgt eine Zeit politischer Stabilität. Ende des 19. Jh. beginnt der wirtschaftliche Abstieg des Landes.
1908	Dom Carlos I und der Thronfolger Prinz Manuel werden bei einem Attentat auf der Praça do Comércio getötet. Für zwei Jahre übernimmt König Manuel II die Regierung, 1910 geht er ins Exil.
1910	Am 5. Oktober wird in Lissabon die Republik ausgerufen, Teófilo Braga wird provisorischer Präsident. Bis 1926 gibt es über 40 verschiedene Regierungen und zahlreiche Umsturzversuche des Militärs.
1926	Am 28. Mai Putsch von General Gomez da Costa. Das Parlament wird aufgelöst.
1928	António de Oliveira Salazar wird Finanzminister.
1932–1968	Salazar wird Ministerpräsident Portugals. Eine neue Verfassung wird geschaffen, sie bildet die Basis der Diktatur des ›Estado Novo‹. Ab 1968 wird Marcelo Caetano Nachfolger Salazars, der 1970 stirbt.
1966	Einweihung der Tejo-Brücke (Ponte 25 de Abril).
1974	Am 25. April beendet ein Militärputsch die seit 1926 währende Diktatur. Zu Hunderttausenden feiern die Lissabonner den Tag der friedlichen Nelkenrevolution. Der ursprünglich geplante Sozialismus verwandelt sich nach einer politisch unruhigen Zeit in eine parlamentarische Demokratie.
1986	Portugal wird gemeinsam mit Spanien EG-Mitglied.
1988	Ein Brand zerstört Teile des Chiado. Durch den Wiederaufbau wird das historische Viertel neu belebt.
1994	Lissabon ist Kulturhauptstadt Europas.
1998	500 Jahre nach der Ankunft Vasco da Gamas in Kalkutta findet die Weltausstellung EXPO '98 statt.
2000	Portugal übernimmt in der ersten Jahreshälfte die EU-Präsidentschaft.

Gut zu wissen!

Armut: Mit diesem tristen Thema wird der Reisende in Lissabon ständig konfrontiert. Rund um die Stadt existieren zahlreiche Hüttensiedlungen, auch im Zentrum sind die Zeichen der Armut allgegenwärtig. Zumeist Jugendliche verdienen sich einige Escudos als Parkplatzeinweiser *(arrumadores)*, Bettler zeigen ihre Wunden, und an vielen Kircheneingängen bitten alte Frauen um ein Almosen *(esmola)*. Halten Sie stets ein paar Münzen bereit, diese Menschen können sie wahrlich gebrauchen.

Bitte vermeiden: Portugiesen sind normalerweise sehr freundlich und ausgesprochen hilfsbereit. Sie haben die Tendenz, über *ihr* Portugal, über *ihr* Lissabon und über *ihren* Fußballverein zu schimpfen. Allzu ernst sollte man diese Äußerungen als Besucher jedoch nicht nehmen. Man vermeide es auf jeden Fall, in diese Kritik einzustimmen, denn negative Kritik von Fremden an Land und Leuten und allzu kluge Einschätzungen über die Landessituation werden ungnädig aufgenommen und gelten als außerordentlich unhöflich.

Essen gehen: Essen hat im portugiesischen Leben einen besonderen Stellenwert. Die meisten Lissabonner essen zweimal am Tag warm. Zur Mittagszeit sind die Restaurants sehr gut besucht. Keine Angst vor Schildern mit dem Hinweis auf typische Gerichte. In der Regel verbirgt sich dahinter kein Touristennepp, und die Anpreisungen dürfen ernst genommen werden. Besondere Höflichkeit des Personals sollte man nicht erwarten. Die Frage, ob es geschmeckt habe, ist nicht unbedingt üblich. Trinkgeld ist wie die Mehrwertsteuer stets im Rechnungsbetrag enthalten. Es ist jedoch normal, einige Münzen auf dem Tisch zu lassen. In den Nobelrestaurants darf es auch etwas mehr sein.

Was passiert in Lissabon

Bei der Touristeninformation (s. S. 16) bekommt man kostenlos einen monatlichen Veranstaltungskalender, »Agenda cultural«, der über kulturelle Aktivitäten informiert. In englischer Sprache gibt es alle zwei Wochen das Programmheft »Follow me«. Die Tageszeitungen »Diário de Notícias« und »Público« mit einem Kulturkalender erscheinen auch sonntags. Der »Expresso« informiert jeden Samstag mit einem Wochenprogramm über kulturelle Veranstaltungen.

Slumviertel am nördlichen Stadtrand: In der portugiesischen Hauptstadt ist auch die Armut präsent

Kaffee: Lissabon ist voller Cafés, wichtige Orte des sozialen Lebens. Die *bica*, eine Art Espresso und vielleicht das beliebteste Getränk, ist immer ein willkommener Anlaß, um mit Freunden an der Theke zu stehen oder gemütlich am Tisch ein wenig zu plaudern. Kaffee gibt es übrigens in zahlreichen Varianten, vom *galão*, Milchkaffee, bis zur *bica pingada*, Espresso mit wenig Milch (s. S. 32).

Sicherheit: Wo Touristen sind, wird auch geklaut. In den Bussen mit vornehmlich touristischen Zielen, an Bahnhöfen und am Flughafen sollte man auf seine Wertsachen besonders gut aufpassen, denn die Taschendiebe sind weit über die Stadt hinaus für ihr außerordentliches Geschick bekannt. Insgesamt aber ist Lissabon eine recht sichere Hauptstadt, Überfälle oder tätliche Angriffe kommen normalerweise nicht vor. Lästig sind mitunter die Kleindealer, die vor allem Besuchern an den Plätzen Rossio und Restauradores Haschisch und goldene Uhren verkaufen wollen.

Toiletten: In Lissabon finden sich öffentliche Toiletten in großer Zahl, für Herren auch traditionelle Pissoirs, etwa am Castelo de São Jorge. Es ist durchaus üblich, einfach in ein Café oder Restaurant zu gehen und nach der *casa de banho* zu fragen. Solch natürliches Bedürfnis wird Ihnen kein Wirt abschlagen.

Verkehr und Parken: Wer im Berufsverkehr über die Brücke des 25. April nach Lissabon fährt, muß mit Staus, zumindest aber mit einem erheblichen Verkehrsaufkommen rechnen. In der Stadt selbst ist der Verkehr dicht und wenig an Regeln gebunden. Immer wieder sieht man Autos in der zweiten Reihe und auf Straßenbahnschienen parken, ein Vergehen, das einen teuer zu stehen kommen kann. Parkhäuser sind in der Stadt mittlerweile vorhanden. Die selbsternannten Parkplatzeinweiser (s. S. 12) erwarten für ihre Dienstleistung stets eine kleine Entschädigung.

Sprachführer

heute	hoje
gestern	ontem
vorgestern	anteontem
morgen	amanhã
übermorgen	depois de amanhã
morgens	de manhã
mittags	ao meio dia
nachmittags	à tarde
abends	à tardinha
nachts	à noite
Wann?	quando?
Wie lange?	quanto tempo?

Unterwegs in der Stadt

Bus	autocarro
Straßenbahn	eléctrico
U-Bahn	metropolitano/ metro
Taxi	táxi
Haltestelle	paragem
Eingang	entrada
Ausgang	saída
Wo gibt es …?	Onde há …?
Wo ist …?	Onde é/fica …?
links	à esquerda
rechts	à direita
geradeaus	sempre em frente
Stadtplan	planta da cidade
Touristen- information	informação turistica
Bank	banco

Allgemeines

ja/nein	sim/não
danke	obrigado(-a)
bitte (gern geschehen)	de nada
bitte (nach- gestellt)	se faz favor/ por favor
guten Morgen	bom dia
guten Tag	boa tarde
guten Abend	boa noite
gute Nacht	boa noite
auf Wieder- sehen	adeus/até à vista
hallo	olá
tschüß	até logo
Sie erlauben	com licença
Entschuldigung	desculpe(-a)
Es tut mir leid!	Sinto muito!
Macht nichts!	Não faz nada!

Zeit

Montag	segunda-feira
Dienstag	terça-feira
Mittwoch	quarta-feira
Donnerstag	quinta-feira
Freitag	sexta-feira
Samstag	sábado
Sonntag	domingo
Feiertag	(dia) feriado
Frühling	Primavera
Sommer	Verão
Herbst	Outono
Winter	Inverno

Zahlen

1	um, uma	17	dezassete
2	dois, duas	18	dezoito
3	três	19	dezanove
4	quatro	20	vinte
5	cinco	21	vinte e um
6	seis	30	trinta
7	sete	40	quarenta
8	oito	50	cinquenta
9	nove	60	sessenta
10	dez	70	setenta
11	onze	80	oitenta
12	doze	90	noventa
13	treze	100	cem
14	catorze	200	duzentos
15	quinze	1000	mil
16	dezasseis	2000	dois mil

Wechsel	câmbio
Geld	dinheiro
Scheck	cheque
Kreditkarte	cartão de crédito
Geldautomat	caixa automática
Telefon	telefone
Telefonkarte	cartão de telefone
Post	correio(s)
Bahnhof	estação ferroviária
Flughafen	aeroporto
Polizei	polícia
geschlossen	fechado(-a)
geöffnet	aberto(-a)

Im Hotel

Hotel	hotel
Pension	pensão
Einzel-/	quarto individual/
Doppelzimmer	quarto duplo
Bad	casa de banho
Dusche	duche
Schlüssel	chave
Handtücher	toalhas
Aufzug	elevador
Gepäck	bagagem
Paß	passaporte
Ausweis	bilhete de identidade

Im Restaurant

Frühstück	pequeno almoço
Mittagessen	almoço
Teezeit	lanche
Abendessen	jantar
trinken	beber
essen	comer
Tisch	mesa
reservieren	reservar
Speisekarte	menu
Rechnung	conta
Messer	faca
Gabel	garfo
Löffel	colher
Teelöffel	colher de chá
Teller	prato
Serviette	guardanapo
Flasche	garrafa
Glas	copo
Tasse	chávena
Vorspeise	entrada
Tagesgericht	prato do dia
halbe Portion	meia dose
Nachspeise	sobremesa
Getränke	bebidas
Mineralwasser	água mineral
mit/ohne Kohlensäure	com/sem gás

Die wichtigsten Sätze

Sprechen Sie Deutsch/Englisch/Französisch?	Fala alemão/inglês/francês?
Ich verstehe nicht.	Não entendo.
Wie heißt das?	Como se diz?
Haben Sie deutsche Zeitungen?	Tem jornais alemães?
Fährt der Bus nach …?	O autocarro vai para …?
Wo bekomme ich Briefmarken?	Onde posso comprar selos?
Wo kann ich telefonieren?	Onde posso telefonar?
Wo ist die Toilette?	Onde é a casa de banho?
Haben Sie noch ein Zimmer frei?	Ainda tem um quarto livre?
Ich möchte ein Doppelzimmer.	Queria um quarto duplo.
Können Sie mir ein Hotel/Restaurant empfehlen?	Pode indicar-me um hotel/restaurante?
Ich hätte gerne die Speisekarte.	Queria a lista, por favor.
Ich möchte bezahlen.	Gostaria de pagar.

ⓘ Reise-Service

Auskunft

... in Deutschland
**ICEP Portugiesisches Touristik-
und Handelsbüro**
Schäfergasse 17
60313 Frankfurt/M.
Tel. 069/23 40 94, 29 05 49
(Mo–Fr 9–17 Uhr)
Fax 23 14 33
Portugiesische Handelsbüros
– Kurfürstendamm 203
10719 Berlin
– Kreuzstraße 34
40210 Düsseldorf

... in Österreich
**ICEP Portugiesische Handels-
delegation und Touristikzentrum**
Stubenring 16/3
1010 Wien
Tel. 01/513 26 70
Fax 512 88 28

... in der Schweiz
**ICEP Portugiesisches Verkehrs-
amt und Handelsdelegation**
Badener Straße 15
8004 Zürich
Tel. 01/241 03 00, 241 03 01
Fax 241 00 12

... in Lissabon
Centro de Turismo (H 6)
Palácio Foz
Praça dos Restauradores
Tel. 213 46 63 07,
Fax 213 46 87 72
Mo–Sa 9–20, So 10–18 Uhr
– Flughafen, Tel. 218 49 43 23
– Bahnhof Santa Apolónia,
Avenida Infante Dom Henrique
Tel. 218 49 36 89
Stadtpläne, Bustickets, Infos über
Sehenswürdigkeiten, Unterkünfte.

... im Internet
Weitere Infos und Links:
http://www.dumontverlag.de
http://www.Eunet.pt/Lisboa
http://www.geoweb.pt

Reisezeit

Im Sommer herrschen in Lissabon oftmals Temperaturen um die 35 °C. Besichtigungen durch die hügelige Stadt können dann recht anstrengend werden. Am besten läßt sich die Stadt im Frühling und im Spätsommer erleben. Lissabon ist dann in ein besonders schönes, mildes Licht getaucht, es herrscht ein angenehmes Klima, vom Tejo und vom Meer weht meist ein erfrischender Wind, ideal für Erkundungen der Stadtviertel und Sehenswürdigkeiten. Auf viel Regen muß man sich im Winter einstellen. Da es in den Cafés, Kinos, Wohnungen und Hotels (mit Ausnahme der großen Häuser) keine Heizungen gibt, kann es recht ungemütlich werden, auch wenn die Temperaturen selten unter 10 °C sinken.

Einreise

Für Reisende aus den EU-Staaten und der Schweiz genügt ein gültiger Personalausweis. An der Grenze und im Flughafen werden normalerweise keine Kontrollen durchgeführt. Es gelten die Zollbestimmungen der EU. Folgende Beschränkungen gelten für Schweizer und den Duty-free-Einkauf: 200 Zigaretten oder 100 Zigarillos oder 50 Zigarren oder 250 g Tabak, 1 l Spirituosen (22 Vol.-%) oder 2 l Likör oder 2 l Wein, 50 g Parfüm oder 0,25 l Eau de Toilette.

Für Tiere ist eine amtstierärztliche Impfbescheinigung Pflicht. Als Tourist kann man sich drei Monate im Land aufhalten.

Anreise

Mit dem Flugzeug

Die bequemste Art nach Portugal zu reisen, ist die Anreise mit dem Flugzeug. Von Deutschland, Österreich oder der Schweiz aus dauert der Flug ca. 3–4 Std. Da Portugal ein beliebtes Reiseland ist, gibt es jeden Tag von allen größeren Flughäfen Linien- und Charterflüge.

Lissabon verfügt über einen in der Stadt gelegenen Flughafen, den **Aeroporto de Lisboa.** Fluginformationen über Ankunft und Abflug unter Tel. 218 41 37 00.

Für die Fahrt vom Flughafen ins Stadtzentrum stehen am Ausgang zahlreiche **Taxis** zur Verfügung. Der Preis bis zum Rossio sollte 1500 Esc nicht übersteigen. Eine Taxifahrt lohnt sich vor allem, wenn man mit mehreren Personen unterwegs ist. Für Gepäck im Kofferraum berechnen die Fahrer 300 Esc extra.

Für Reisende mit Gepäck bietet sich für die Fahrt ins Zentrum auch der **Aero-Bus Nr. 91** (alle 20 Min.) an. Der Preis für eine Fahrkarte beträgt 450 Esc. In den Bussen Nr. 42 und Nr. 43, die ebenso ins Zentrum fahren, ist die Mitnahme von Gepäck nicht erlaubt.

Mit der Bahn

Die Fahrt von Deutschland nach Lissabon bis zum **Bahnhof Santa Apolónia** an der Avenida Infante Dom Henrique dauert gut anderthalb Tage und ist recht ermüdend. Bei der Anreise mit dem Zug sollte man sich nach Ermäßigungen erkundigen. Preiswert ist die Fahrt mit dem Interrail-Ticket. Vor dem Bahnhof befindet sich ein Taxistand. Die Buslinien 9, 46, 90 fahren Richtung Stadtzentrum. Auskünfte über Ankunfts- und Abfahrtzeiten der Busse unter Tel. 218 88 40 25.

Mit dem Auto

Für die Einreise mit dem Auto benötigt man außer dem Personalausweis einen gültigen Führerschein und die Grüne Versicherungskarte. Aufgrund der hohen Autobahngebühren und der Benzinkosten ist ein Flug in Verbindung mit einem Mietwagen schneller, weniger anstrengend und kaum teurer.

Unterwegs in Lissabon

Lisboa Card

Für Touristen bietet die Stadt eine Karte an, die zur kostenlosen Benutzung der öffentlichen Verkehrsmittel, der Kabelbahnen *(elevadores)* und vieler Museen berechtigt. Außerdem gibt es in vielen Einrichtungen Ermäßigungen.

Die Karte kostet für Erwachsene pro Tag 1900 Esc, für Kinder (5–11 Jahre) 750 Esc. Entsprechend billiger wird sie, wenn man sie für zwei oder drei Tage in Anspruch nimmt. Zu beziehen ist die Lisboa Card im **Palácio Foz,** Praça dos Restauradores, im **Mosteiro dos Jerónimos,** Praça do Império, und im **Museu Nacional de Arte Antiga,** Rua das Janelas Verdes.

Mit öffentlichen Verkehrsmitteln

In Lissabon herrscht stets großes Verkehrsgewühl. Das Vorankommen mit dem Auto ist beschwerlich, die Parkplatzsuche ermüdend und die Orientierung im Straßengewirr der Innenstadt schwierig. Mit öffentlichen Verkehrsmitteln fährt man auf jeden Fall besser. Zwei Gesellschaften, ›Carris‹ für Busse und Straßenbahnen und ›Metropolitano‹ für die U-Bahn, bieten gemeinsam einen Touristenpaß an. Für vier Tage kostet er 1680 Esc, für sieben Tage 2380 Esc. Einzelfahrscheine im Bus und in der Straßenbahn kosten 160 Esc, man kann auch an speziellen Kiosken ein noch günstigeres Mehrfahrkartenheft kaufen (BUC 2: 2 Fahrten für 155 Esc; BUC 4: 4 Fahrten für 300 Esc). Es wird auch eine Tageskarte zu 430 Esc und eine 3-Tageskarte zu 1000 Esc angeboten. Die einfache Fahrt in der U-Bahn kostet 80 Esc, die 10er Karte 600 Esc.

Bus: Das Busnetz ist sehr gut ausgebaut. Die Busse, oft recht voll, fahren häufig und flächendeckend. Am Wochenende und abends fahren sie allerdings seltener. Es ist übrigens üblich, sich an den Haltestellen in die Warteschlangen einzuordnen. Bei Nichtbeachtung darf man sich über böse Blicke nicht wundern.

Elevadores: Zum alltäglichen Leben der Lissabonner gehören die Kabelbahnen, die ihre Fahrgäste besonders steile Gassen hinauf- bzw. hinabbefördern. Für den Elevador da Bica, den Elevador da Glória und den Elevador do Lavra gelten ebenso wie für den Aufzug von der Baixa ins Bairro Alto, Elevador de Santa Justa, die normalen Bus- und Bahntarife.

Fähren: Tag für Tag fahren Tausende mit der Fähre über den Tejo, um in Lissabon zu arbeiten. Verglichen mit der oft verstopften Brücke ist dies eine echte Alternative und für die Reisenden eine schöne Überfahrt. Nach Cacilhas legen die Fähren (Cacilheiros) von der Praça do Comércio alle 20 Min. ab. Wer sein Auto mitnehmen will, fährt von der Estação Cais do Sodré ab. Von Belém setzt die Fähre nach Porto Brandão bzw. Trafaria über.

Straßenbahn: Moderne klimatisierte und traditionelle Straßenbahnen (eléctricos) führen in Lissabon eine Koexistenz. Die Fahrt dauert länger als mit dem Bus. Doch gerade die gemütlichen alten Bahnen sind mehr als nur ein Transportmittel und, wohl zum Erstaunen der meisten Lissabonner, eine beliebte Touristenattraktion (Extra-Tour 2, s. S. 86 f.).

U-Bahn: Das recht kleine Netz ist gerade erweitert worden. Es deckt den Innenstadtbereich bis Campo Grande, den Weg nach Benfica und bis Oriente ganz gut ab. Eingänge sind an einem großen ›M‹ zu erkennen. Eine Fahrt lohnt auch wegen der neuen, schön gestalteten U-Bahnstationen, die mit Azulejos, portugiesischen Wand- und Bodenfliesen, zu kleinen Kunsthallen umgebaut wurden.

Vorortzüge: Zwei Hauptrouten führen in die Vororte Lissabons, vom Rossio aus Richtung Sintra alle 30 Min. und vom Cais do Sodré alle 20 Min. nach Cascais.

Mit dem Taxi

Taxifahren ist in Portugal kein Luxus. Die Grundgebühr beträgt ohne Gepäck 280 Esc. Taxis sind eine gute Alternative zum eigenen Auto und innerhalb der Stadt kaum teurer. Normalerweise sind Taxis schwarz mit einem grünen Dach, seit einigen Jahren gibt es aber auch beige Wagen. Am einfachsten erwischen Sie ein Taxi, indem Sie dem Fahrer ein Handzeichen geben, in der Stadtmitte, z. B. am Rossio oder an der Praça dos Restauradores, befinden sich Taxistände. Achten Sie darauf, daß der Zähler eingestellt ist. Wenn Ihnen der Fahrpreis zu hoch erscheint, lassen Sie sich eine Quittung geben, auf der die Wagennummer vermerkt ist (mit der Nummer am Wagen vergleichen). Leider gibt es immer wieder Fahrer, die gerade bei der Fahrt vom Flughafen etwas mehr berechnen.

Mit dem Leihwagen

Es ist am günstigsten, einen Leihwagen gleich im Heimatland zusammen mit dem Flug zu buchen. Die Preise liegen bei 120 DM pro Tag, die Wochenmiete ist etwas billiger. Die großen Autovermieter und viele Kleinanbieter haben Filialen in der Innenstadt und am Flughafen, u. a.: **Interrent,** Flughafen, Tel. 219 40 77 90; **Alamo,** Flughafen, Tel. 218 48 61 91; **Budget,** Flughafen, Tel. 218 47 88 03; **Real Car,** Rua Gomes Freire, 11, Tel. 213 53 22 53; **Solcar,** Rua São Sebastião Pedreira, 51 D, Tel. 213 56 05 00; **Automotor,** Avenida Sacadura Cabral, 23 A, Tel. 213 53 22 53; **Rupauto,** Rua da Benefiência, 99 A/B/C, Tel. 217 93 32 58.

Stadtrundfahrten

Stadtrundfahrten mit dem Bus oder der Tram und Ausflüge in die Umgebung werden u. a. von folgenden Unternehmen angeboten: **Portugal Tours:** Avenida Praia da Vitória, 14, 2°, Tel. 213 52 29 02. Das Unternehmen bietet tgl., außer am 25. Dezember, halb- und ganztägige Stadtrundfahrten an. Beide Touren starten um 9 Uhr an der Avenida Sidónio Pais. Die Halbtagestour ist auf Lissabon beschränkt und kostet 5250 Esc, die Ganztagestour für 13 500 Esc führt nach Sintra, der Rückweg über Cascais und Estoril.
Carris: Die Lissabonner Verkehrsgesellschaft bietet zwei Touren an. Die Sightseeing-Tour mit der Straßenbahn von der Praça do Comércio dauert 1,5 Std. Abfahrt März–April 13.30 und 15.30 Uhr, Juli 13.30, 14.30 und 15.30 Uhr, Aug. auch 16.30, Sept. 11.30, 13.30 und 15.30 Uhr. Preis für Erwachsene 2000 Esc, Kinder 1000 Esc.

Ein Bus mit offenem Verdeck startet von der Praça do Comércio aus. Der Weg führt über den Innenstadtbereich nach Belém und am Tejo entlang wieder zurück. Abfahrt Mai–Sept. stdl. 11–16 Uhr, Aug. 11–17 Uhr. Preis für Erwachsene 2800 Esc, Kinder 1500 Esc.

Behinderte

Leider sind bisher nur wenige Bemühungen festzustellen, die Stadt behindertengerecht zu machen. Insbesondere die Parkgewohnheiten der Lissabonner und die hohen Bürgersteige erschweren das Vorankommen mit einem Rollstuhl. Es gibt einen Führer (auf Portugiesisch) mit Infos über Einrichtungen in Lissabon, die auf Rollstuhlfahrer Rücksicht nehmen.
Auskunft: Associação Portuguesa de Deficientes, Largo do Rato, 1200 Lisboa, Tel. 213 88 98 83, und in der Touristeninformation an der Praça dos Restauradores (s. S. 16).
Taxis für Rollstuhlfahrer: Taxel, Tel. 217 15 13 87.

Zu Gast i

In der Baixa spazieren, auf der Praça do Comércio den Arco
Monumental, den Eingang in die Unterstadt, und den Blick
auf den Tejo und den Burghügel bewundern, das Museu de
Arte Antiga oder das Belém der Seefahrer besichtigen, in der
Avenida de Roma, der Rua Augusta oder im Chiado einkau-
fen, im Gambrinus essen und im Salsa Latina oder im Frágil bis

Lissabon

zum Morgen tanzen. Gitternetzangaben bei allen Adressen
und die große Extra-Karte helfen bei der problemlosen Orien-
ierung. Auf die Lissabon-Highlights werden Sie in der Karte
örmlich mit der Nase gestoßen. Wer mit Lissabon aus einer
ungewöhnlichen Perspektive auf Tuchfühlung gehen will,
ollte sich von den Extra-Touren leiten lassen.

⬤ Hotels

Als Stadt, die auf Reisende eingerichtet ist, verfügt Lissabon über ausreichend Hotelbetten. Auch in der Hochsaison gibt es meist noch freie Zimmer. Die Fünf-Sterne-Hotels sind allerdings bei Kongressen bisweilen ausgebucht. Das Unterkunftsangebot ist vielfältig. Es reicht von der einfachen Pension über preiswerte Hotels, Aparthotels und Luxushotels bis zum

Reservierung

Die Tourismusinformation an der Praça dos Restauradores (s. S. 16) hält eine aktuelle Liste mit Unterkünften bereit und hilft auch bei der Zimmerreservierung. Die Reservierung kann auch direkt bei den Hotels telefonisch oder per Fax vorgenommen werden. Zusammen mit der Flugbuchung ist die Hotelreservierung in der Regel deutlich billiger.

Landhaus im Stadtteil Benfica. Die Unterschiede zwischen den einzelnen Unterkunftsarten sind recht verwirrend. **Estalagem** und **Albergaria** unterscheiden sich voneinander dadurch, daß erstere normalerweise außerhalb Lissabons zu finden sind. Gemeinsam ist ihnen, daß sie über ein eigenes Haus verfügen müssen und in der Regel bis zu 30 Zimmer haben. Im Komfort sind sie den Hotels gleichgestellt. Eine **Pensão** (Pension) kann sich dagegen ebenso wie die **Residencial** nur auf ein bis zwei Stockwerke innerhalb eines Gebäudes beschränken. Offiziell bietet eine Residencial nur Schlafmöglichkeiten, aber kein Essen. Viele Pensionen bieten ebenso nur Übernachtung an. Der **Turismo de habitação** ist eine recht neue Form und findet sich vor allem in ländlichen Gegenden. Meist handelt es sich um sehr schön hergerichtete Landhäuser (Quintas) für eine begrenzte Zahl von Gästen.

Die Klassifizierung der portugiesischen Hotels nach Sternen ist nicht sehr aussagekräftig. Am besten orientiert man sich an den Preisen, denn die Qualität der Unterkünfte entspricht in der Regel der jeweiligen Preiskategorie. Am günstigsten wohnt man in Pensionen. Sie können manchmal mangelnden Komfort durch eine günstige Lage und eine angenehme Atmosphäre wettmachen. Wer gewohnten internationalen Standard wünscht, findet auch in Lissabon die klassischen Hotelketten Altis, Penta, Meridien und Ritz, die im folgenden keine besondere Berücksichtigung finden. Sollte es einmal Grund zur Beschwerde geben, gibt es in jedem Hotel das gesetzlich vorgeschriebene *livro de reclamações*, in dem man seinem Ärger Luft machen kann.

Günstig	DZ 4000–10 000 Esc, 20–50 €
	EZ 4000–9000 Esc, 20–45 €
Moderat	DZ 10 000–20 000 Esc, 50–100 €
	EZ von 9000–15 000 Esc, 45–75 €
Teuer	DZ 20 000–35 000 Esc, 100–175 €
	EZ 15 000–31 000 Esc, 75–155 €
Luxus	DZ ab 35 000 Esc, 175 €
	EZ ab 31 000 Esc, 155 €

Frühstück ist meist im Preis enthalten; in Pensionen wird es jedoch (sonst ausdrücklich erwähnt) kaum angeboten.

Berücksichtigt wurde auch das nahe Sintra, über die Autobahn ist die Entfernung von 30 km schnell zu bewältigen. Wer der Stadt am Abend entfliehen will, findet dort eine ausgezeichnete Alternative.

Günstig

Pensão Dom Sancho I (H 5)
Avenida da Liberdade, 202
Tel. 213 54 86 48
Fax 213 54 80 42
Metro: Avenida
Bus: 1, 2, 9, 11, 31, 32, 36, 41, 44, 45, 46, 83, 90
EZ 8500 Esc, DZ 10 000 Esc, mit Frühstück
Auf Lissabons – nicht unbedingt prächtigster – Prachtallee gelegen. 19 Zimmer, alle mit Bad, Klimaanlage, Fernsehen und Telefon ausgestattet. Einige Zimmer gehen nach vorne raus, dann stimmt der Blick, aber sehr ruhig ist es nicht. Weniger schön sind die Innenzimmer, die zwar Fenster, aber kein direktes Tageslicht haben.

Pensão Estrela do Saldanha (H 2)
Avenida da República, 17, 1°
Tel. 213 54 64 29
Kein Fax, telefonische Reservierung
Metro: Saldanha
Bus: 1, 36, 38, 44, 45, 49, 83, 90, 101
EZ 5000 Esc, DZ 8000 Esc
Für eine Pension gut eingerichtet und immer noch relativ zentral, die U-Bahn ist in der Nähe. Alle zehn Zimmer haben Bad, Telefon und TV.

Pensão Flor da Baixa (J 6)
Rua das Portas de
Santo Antão, 81, 2°
Tel. 213 42 31 53
Kein Fax, telefonische Reservierung
Metro: Restauradores/Rossio
Bus: 32, 36, 41
EZ 4500 Esc, DZ mit Bad 9000 Esc
Eine Pension im alten Stil, direkt an der Straße mit den meisten Touristenrestaurants gelegen. Dennoch sind die Zimmer relativ ruhig. Die Pension ist oft ausgebucht, um ein Zimmer muß man sich rechtzeitig kümmern.

Pensão Nazareth (G 3)
Avenida António Augusto
de Aguiar, 25, 4°
Tel. 213 54 20 16
Fax 213 56 08 36
Metro: Parque Eduardo VII
EZ 7500 Esc, DZ 8500 Esc, mit Frühstück

Nahe der Praça Marquês de Pombal gelegen. Die 35 modern eingerichteten Zimmer haben Bad, Satellitenfernsehen, Telefon und Klimaanlage. Die Allee ist allerdings stark befahren, so daß Menschen mit einem größeren Ruhebedürfnis eines der hinteren Zimmer wählen sollten.

Pensão Ninho das Águias (J 6)

Costa do Castelo, 74
Tel. 218 86 70 08
Kein Fax, telefonische Reservierung
Am besten mit dem Taxi zu erreichen
DZ 7000 Esc, mit Bad 8000 Esc
Einfache, sehr alte Pension mit 16 Doppelzimmern, für Singles gibt es einen Rabatt. Frühstück wird nicht serviert, doch die Lage in der Alfama an der Burgmauer und der herrliche Blick von der Terrasse über die Stadt sprechen für die Pension ›Adlerhorst‹.

Residencial Arco da Bandeira (J 6)

Rua dos Sapateiros, 226, 4°
Tel. 213 42 34 78
Kein Fax, telefonische Reservierung
Metro: Rossio
Bus: 32, 36, 41
DZ 6500 Esc
Über ein Bad verfügen die im alten Stil eingerichteten Zimmer im vierten Stock nicht, immerhin aber haben sie fließend Wasser. Die Räume variieren in der Größe. Der Blick geht direkt auf den Rossio. So zentral gelegen, ist diese Unterkunft durchaus zu empfehlen, wenn man keinen allzu großen Wert auf viel Komfort legt.

Residencial Beira-Minho (J 6)

Praça da Figueira, 6
Tel. 213 46 18 46
Fax 218 86 78 11
Metro: Rossio
Tram: 15
Bus: 14, 37, 43, 59
EZ 5500 Esc, DZ mit Bad 7000 Esc
Mitten im Zentrum an der Praça da Figueira liegt diese bescheidene Pension. Wer ein eigenes Bad möchte, um morgendliches Anstehen zu vermeiden, sollte rechtzeitig reservieren. Nur neun der 24 Zimmer verfügen über ein Bad.

Moderat

Hotel Borges (H 7)

Rua Garrett, 108–110
Tel. 213 46 19 51
Fax 213 42 66 17
Tram: 28
Bus: 58, 100
EZ 9500 Esc, DZ 10 500 Esc
Das traditionsreiche Hotel im Chiado liegt direkt neben dem Café A Brasileira. Heute hat es nur noch zwei Sterne, aber es lebt nach wie vor von seiner einmaligen Atmosphäre. Schließlich ist es schon seit 1885 in Betrieb. Auch wer nicht hier wohnt, sollte einen Blick in den Speisesaal wagen.

Hotel da Torre (Nebenkarte Belém)

Rua dos Jerónimos, 8
Tel. 213 63 62 62
Fax 213 64 59 95
Tram: 15
Bus: 29, 43
EZ 13 500 Esc, DZ 15 500 Esc
Wer von den Seefahrern nicht loskommt, kann dieses Hotel in Belém, direkt neben dem Mosteiro dos Jerónimos, wählen. 50 gut ausgestattete Zimmer mit Klimaanlage, Fernsehen und Telefon. Die Räume wurden vor kurzem renoviert und sind modern eingerichtet. Im Haus befindet sich auch ein Re-

Prunkvoll ausgestattet: der Speisesaal im Hotel Borges

staurant, das nicht zum Hotel gehört, aber sehr zu empfehlen ist.

Hotel Dom Carlos I (G 4)
Avenida Duque de Loulé, 121
Tel. 213 53 90 71
Fax 213 52 07 28
Metro: Marquês de Pombal
Bus: 12, 20, 22, 27, 32, 53
EZ 15 100 Esc, DZ 20 800 Esc
Gut ausgestattetes Mittelklasse-hotel mit 76 Zimmern. Liegt etwas zurückgezogen vom Verkehrslärm an einem kleinen Garten. Die Einrichtung ist dezent und unaufdringlich, die Eingangshalle ist mit lärmschluckenden Teppichen ausgelegt, so daß sich gleich beim Betreten eine gewisse Ruhe einstellt. Ein eigenes Restaurant sowie eine Bar sind vorhanden.

Hotel Embaixador (H 4)
Avenida Duque de Loulé, 73
Tel. 213 53 01 71
Fax 213 55 75 96
Metro: Marquês de Pombal
Bus: 12, 20, 22, 27, 32, 53
EZ 14 300 Esc, DZ 17 600 Esc

Modernes, gut eingerichtetes Hotel mit 96 Zimmern und Hotelbar. In diesem Teil ist die vierspurige Allee allerdings stark befahren, schon am frühen Morgen stauen sich Busse und Autos. Im Hotel selbst spürt man davon aber nichts. Das hoteleigene Restaurant kann nur von Gruppen genutzt werden.

Hotel Excelsior (G 4)
Rua Rodrigues Sampaio, 172
Tel. 213 53 71 51
Fax 213 57 87 79
Metro: Avenida
Bus: 1, 2, 9, 11, 31, 32, 36, 41, 44, 45, 46, 83, 90
EZ 12 500 Esc, DZ 14 500 Esc
In einer Nebenstraße der Avenida da Liberdade gelegen. Abends ruht der Verkehr dort, so daß die Gäste in den 81 komfortabel ausgestatteten Zimmern auch die Möglichkeit haben, eine ruhige Nacht zu verbringen. Das Hotel bietet keine Besonderheiten; es gibt eine Bar, Restaurantbetrieb nur für Gruppen. Der traditionelle

25

Hotels

Stil und die familiäre Atmosphäre versprechen jedoch einen angenehmen Aufenthalt.

Hotel Jorge V (G 4)
Rua Mouzinho da Silveira, 3
Tel. 213 56 25 25,
Fax 213 15 03 19
Metro: Marquês de Pombal/
Avenida
Bus: 20, 22, 27, 38, 49
EZ 12 000 Esc, DZ 14 000 Esc
Etwa 200 m von der Praça Marquês de Pombal entfernt befindet sich dieses gemütliche Hotel in einer ruhigeren Straße. Die Zimmer verfügen über ein Bad, Fernsehen, Klimaanlage und Telefon. Für kältere Tage gibt es sogar Heizung.

Hotel Roma (nördlich J 1)
Avenida de Roma, 33
Tel. 217 93 22 44
Fax 217 93 29 81
Metro: Roma
Bus: 7, 27, 33, 35
EZ 13 500 Esc, DZ 15 000 Esc
Modernes, gepflegtes Hotel in einer sehr belebten Zone der Stadt. Dieses Haus ist zwar nicht besonders typisch, bietet aber ein gutes Preis-Leistungs-Verhältnis. Von dem Verkehrslärm der großen Einkaufsstraße ist man in den Zimmern weitgehend abgeschirmt.

Hotel Suiço Atlântico (H 5)
Rua da Glória, 3–19
Tel. 213 46 17 13
Fax 213 46 90 13
Metro: Restauradores
Bus: 1, 2, 9, 11, 31, 32, 36, 41, 44, 45, 46, 83, 90
EZ 8900 Esc, DZ 10 500 Esc
Das ehemalige Familienhotel, von Touristen vielbesucht, liegt mitten im Stadtzentrum. Zwar haben die 84 Zimmer kein Fernsehen, aber wer so zentral wohnt, wird dazu ohnehin keine Zeit haben.

Hotel Veneza (H 5)
Avenida da Liberdade, 189
Tel. 213 52 67 00
Fax 213 52 66 78
Metro: Avenida
Bus: 1, 2, 9, 11, 31, 32, 36, 41, 44, 45, 46, 83, 90
EZ 15 000 Esc, DZ 18 000 Esc
Erst seit 1990 ist dieses kleine Hotel auf der Avenida da Liberdade in Betrieb. Die 36 Zimmer befinden sich in einem ehemaligen Palast. Der prunkvolle Treppenaufgang zeugt noch immer von der einstigen Pracht. Richtig ruhig ist es allerdings nur in den nach hinten gelegenen Räumen.

Teuer

Albergaria Senhora do Monte (K 5)
Calçada do Monte, 39
Tel. 218 86 60 02
Fax 218 87 77 83
Tram: 28
Mit Gepäck am besten mit dem Taxi zu erreichen
EZ 18 000 Esc, DZ 20 000 Esc
Im alten Stadtteil Graça gelegen und sicherlich eines der Hotels mit der schönsten Aussicht über die Stadt. Das Haus hat nur 28 Zimmer, eine Bar steht den Gästen offen.

Hotel Lisboa Sheraton & Towers (H 3)
Rua Latino Coelho, 1
Tel. 213 57 57 57
Fax 213 54 71 64
Metro: Picoas
Bus: 1, 36, 38, 44, 45, 49, 83, 90, 101
EZ 41 000 Esc, DZ 42 000
Sehr gut ausgestattetes Hotel. Neben dem üblichen Komfort dieser Kategorie gibt es einen Health Club, der nicht nur von Hotelgä-

sten genutzt werden kann. Das schönste ist der traumhafte Blick von der Bar über die Stadt, und diese Aussicht darf auch genossen werden, wenn man nicht im Hotel wohnt.

Hotel Mundial (H 6)
Rua de Dom Duarte, 4
Tel. 218 84 20 00
Metro: Rossio
Bus: 3, 17, 19
EZ 15 600 Esc, DZ 19 600 Esc
Das Hotel liegt sehr zentral dicht an der Praça da Figueira. Die Zimmer bieten den für die Preisklasse üblichen Standard, doch das Besondere an diesem Haus ist seine schöne Dachterrasse mit Blick auf den Fluß, die Unterstadt und die Burg. Auch der Speisesaal im achten Stock bietet ein herrliches Panorama. Genau die richtige Adresse für alle, die von Lissabon einfach nicht genug bekommen können.

Hotel Tivoli (G 4/5)
Avenida da Liberdade, 185
Tel. 213 19 89 00
Fax 213 19 89 50
Metro: Avenida
Bus: 1, 2, 9, 11, 31, 32, 36, 41, 44, 45, 46, 83, 90
EZ 31 000 Esc, DZ 35 000 Esc
Das Hotel an der Avenida da Liberdade verfügt über Freibad, Tennisplatz, Restaurants und eine rege frequentierte Bar. Das Foyer beherbergt eine Reihe von Geschäften und einen Friseur. Trotz der Größe – immerhin hat das Haus 327 Zimmer, davon 30 Suiten – wirkt alles unaufdringlich edel und dezent. Die offiziellen Preise werden normalerweise nicht verlangt. Die Nachfrage lohnt auf jeden Fall, denn oft ist es deutlich billiger.

Hotel Tivoli Jardim (H 5)
Rua Júlio César Machado, 7–9
Tel. 213 53 99 71
Fax 213 55 65 66

Quinta Nova da Conceiçao

Stadturlaub einmal etwas anders. Dieses alte Landhaus im Stadtteil Benfica ist ein ehemaliger Herrensitz der Grafen von Benfica aus dem 17. Jh. – die einzige Unterkunft in der Umgebung von Lissabon, die nach der neuen Form des »Turismo de habitação« Übernachtung in einem privaten Landhaus bietet. Es liegt inmitten eines schönen 5000 m² großen Grundstücks mit eigenem Pool und Tennisplatz. Eine kleine hoteleigene Kapelle ist sogar vorhanden. Auf Wunsch werden Mahlzeiten zubereitet. Zwei Nachteile hat das schöne Haus: Es hat nur drei Zimmer, und im August ist geschlossen. Unbedingt rechtzeitig reservieren!
Lage: nördlich B/C 1
Rua Cidade de Rabat, 5, nahe Estrada de Benfica
Tel./Fax 217 78 00 91
Mit Gepäck am besten mit dem Taxi zu erreichen
DZ 22 500 Esc

Hotels

Erholung im Garten des Residencial York House

Metro: Avenida
Bus: 1, 2, 9, 11, 31, 32, 36, 41, 44, 45, 46, 83, 90
EZ 25 000 Esc, DZ 29 000 Esc
Etwas bescheidener als das Tivoli in der Avenida da Liberdade, dafür ist es aber auch zentral gelegen und verfügt über gut ausgestattete Zimmer und ein Restaurant. Wer nach der Stadtbesichtigung müde ist, kann sich im Schwimmbad im Garten bestens regenerieren.

Residencial York House (F 7)
Rua das Janelas Verdes, 32
Tel. 213 96 25 44
Fax 213 97 27 93
Bus: 27, 40, 49, 60
EZ 26 700 Esc, DZ 30 700 Esc
In der Nähe des Museums für alte Kunst (s. S. 76) gelegen. 34 Räume in einem Kloster aus dem 16. Jh. mit einem sehr schönen Garten. Die nach vorne gelegenen Zimmer sind nicht sehr ruhig, insgesamt bestimmt das Ambiente den Preis. Dieses Hotel gehört zu den begehrtesten in der Stadt und muß lange im voraus gebucht werden.

Luxus

Hotel Avenida Palace (H 6)
Rua 1° de Dezembro, 123
Tel. 213 46 01 51
Fax 213 42 28 84
Metro: Restauradores/Rossio
Bus: 32, 36, 41
EZ 32 000 Esc, DZ 36 000 Esc
Suiten 55 000–75 000 Esc
Ein altes Fünf-Sterne-Hotel, zwischen Rossio und Restauradores gelegen. Ein Schwimmbad ist zwar nicht vorhanden, momentan auch kein Restaurant. Dafür herrscht ein angenehm klassischer Stil – von der Uniform der Angestellten bis zur ausgesprochenen Freundlichkeit gegenüber den Gästen.

Hotel da Lapa (E 7)
Rua do Pau da Bandeira, 4
Tel. 213 95 00 05
Fax 213 95 06 65
Am besten mit dem Taxi zu erreichen
EZ 39 000 Esc, DZ 44 000 Esc
Das schönste Hotel Lissabons mit allem Komfort, seit 1992 in einem

Palast aus dem 16. Jh. untergebracht. 94 Zimmer, großer Garten, mit einem Hallenbad und einem Außenbecken. Wem es dort zu teuer ist, der sollte zumindest einen Blick auf den herrlich gearbeiteten Fußboden der Eingangshalle werfen.

Hotel Palácio Seteais
Rua Barbosa do Bocage, 6–8
Sintra
Tel. 219 23 32 00
Fax 219 23 42 77
EZ 42 000 Esc, DZ 46 000 Esc
Eines der schönsten Hotels in ganz Portugal, traumhaft in einem Palast vom Ende des 18. Jh. untergebracht. Es bietet 30 Zimmer, Restaurant, Park, eine eigene Tennisanlage und Reitmöglichkeiten. Auch Weltstars wie Mick Jagger oder David Bowie steigen hier ab.

Apartments

Aparthotel Eden (H 6)
Praça dos Restauradores
Tel. 213 21 66 00
Fax 213 21 66 66
Metro: Restauradores
Bus: 1, 2, 9, 11, 31, 32, 36, 41, 44, 45, 46, 83, 90
Studio zwei Personen 19 400 Esc, vier Personen 24 900 Esc
Eines der schönsten Lissabonner Lichtspieltheater wurde nun in ein Aparthotel verwandelt. Hier hat auch schon Wim Wenders gedreht. Das Hotel verfügt über Studios für zwei und vier Personen, ein Schwimmbad und eine Bar.

Jugendherbergen

Pousada da Juventude (H 3)
Rua Andrade Corvo, 46
Tel. 213 53 26 96

Metro: Picoas
Bus: 44, 45
DZ 6000 Esc, 4–6-Bettzimmer pro Person 2900 Esc, mit Frühstück
164 Betten stehen den Inhabern von Jugendherbergsausweisen zur Verfügung. Abends braucht man nicht auf die Uhr zu schauen, denn Einlaß ist die ganze Nacht über.

Pousada da Juventude Sintra
Sintra-Santa Eufémia
Tel. 219 24 12 10
Pro Person 1800 Esc,
mit Frühstück
Von Lissabon kommend, hält man sich am großen Verteilerkreis vor Sintra links Richtung São Pedro und folgt den Schildern nach Santa Eufémia. Die Zimmer haben je vier Betten, aber bei den Preisen …

Pousada da Juventude Oeiras
Estrada Marginal
Oeiras
Tel. 214 43 06 38
Pro Person 2000 Esc,
mit Frühstück
Auch hier teilen sich vier Personen ein Zimmer. Die Jugendherberge liegt gegenüber dem Strand von Oeiras im INATEL-Gebäude.

Camping

Parque Municipal de Lisboa (westlich A 5)
Estrada Circunvalação
Monsanto
Tel. 217 60 96 20
Bus: 43, 50, 71
800 Esc pro Pers., 1000 Esc kleines Zelt, 1200 Esc Wohnwagen
Einst im Grünen gelegen, ist der Campingplatz heute von Autobahnen umgeben. Etwa 1500 Camper finden hier Platz; Restaurant, Schwimmbad, Tennisplatz und Supermarkt sind vorhanden.

Café an der Praça da Figueira

Auch wer nur ganz kurz in Lissabon weilt, wird alsbald bemerken, welchen Stellenwert das Essen hat und welch großen Raum es im alltäglichen Leben der Portugiesen einnimmt. Erschwingliche Restaurants gibt es an jeder Ecke, und für die meisten Lissabonner ersetzen sie die Kantine. Das **Frühstück** ist allerdings eher unbedeutend: ein Kaffee im Stehen, dazu vielleicht ein kleiner Kuchen oder ein Toast mit Butter, *torrada* geheißen.

Mit dem **Mittagessen** beginnt dann das echte kulinarische Leben: Oliven, Brot, Suppe, Hauptgericht, Nachtisch, Kaffee, Tresterschnaps oder Whiskey, klar, daß sich halbstündige Mittagspausen in Portugal nie durchsetzen konnten. Aber auch **zwischen den Mahlzeiten** gibt es keinen Grund zur Verzweiflung: Kleine Kuchen, Pasteten und Salziges mit einem Imperial, einem Bier vom Faß, helfen, die Pausen zu überbrücken. Fisch und Meeresfrüchte *(mariscos)*, dazu Gemüse und Obst sind vor allem zu empfehlen – alles, was frisch ist. Davon lebt die portugiesische Küche weit mehr als von feinen Gewürzen oder raffinierten Zubereitungen. Die einfachen Gerichte aus den ländlichen Regionen sind in erster Linie deftig-rustikal und sehr sättigend. In den Lissabonner Restaurants werden typische Gerichte aus den verschiedenen Provinzen des Landes serviert. Besonders die Küche aus Nordportugal und dem Alentejo, z. B. *porco à alentejana*, Schweinefleisch mit Muscheln, sind vertreten. Und natürlich der *bacalhau*, Stockfisch, einst das Essen der Armen, heute Nationalgericht und nicht mehr ganz billig. Das Hähnchen hat den *bacalhau* in dieser Funktion längst abgelöst.

Das **Abendessen** fällt normalerweise ebenso üppig wie der Mittagstisch aus. Übrigens, Salat muß man oft extra bestellen, er gehört noch immer nicht so recht zum Essen dazu. Tradition hat bei älteren Lissabonnern auch noch die Suppe *(sopa)* nach dem Essen. Neben Fisch gehören *cabrito*, Zicklein, und *borrego*, Lamm, zu den Küchenstandards, alles im Ofen zubereitet, auch ein *bife da casa*, ein Steak mit einem Spiegelei, findet sich auf fast jeder Speisekarte. Natürlich gibt es inzwischen auch schon Fast food und Pizza-Express, populär vor allem bei der Jugend.

Wem das alles nicht reicht, der findet auch eine Reihe **ausländi-**

Kulinarisches Lexikon

Entrada	Vorspeise
azeitonas	Oliven
broa	Maisbrot
manteiga	Butter
pão	Brot
presunto	Schinken
queijo	Käse
sopa	Suppe

Carne	Fleisch
bife	Steak
borrego	Lamm
cabrito	Zicklein
codornizes	Wachteln
coelho	Kaninchen
costeleta	Kotelett
entrecosto	Rippenspeer
escalope	Schnitzel
febras	mageres Fleisch
frango	Hähnchen
javali	Wildschwein
lombo	Lende
leitão	Spanferkel
novilho	Jungstier
pato	Ente
porco	Schwein
vaca	Rind
vitela	Kalb

Peixe	Fisch
atun	Thunfisch
bacalhau	Stockfisch
lulas	Tintenfisch
peixe espada	Schwertfisch
pescada	Schellfisch
polvo	Krake
salmão	Lachs
sardinhas	Sardinen
truta	Forelle

Mariscos	Meeresfrüchte
ameijoas	Muscheln
camarões	Krabben
gambas	Garnelen
lagosta	Languste
lavagante	Hummer

Legumes	Gemüse (Beilagen)
arroz	Reis
alface	grüner Salat
batatas	Kartoffeln
batatas fritas	Pommes frites
beringelas	Auberginen
cebolas	Zwiebeln
cenouras	Möhren
cogumelos	Pilze
couve	Kohl
favas	dicke Bohnen
massas	Nudeln
ovos	Eier
pepino	Gurke
tomate	Tomate

Sobremesas frutas	Nachtisch Obst
ameixas	Pflaumen
arroz doce	Milchreis
bolo	Kuchen
figos	Feigen
gelado	Eis
laranja	Apfelsine
leite creme	Karamelcreme
maça assada	gebratener Apfel
melão	Melone
morangos	Erdbeeren
mousse de chocolat	Schokoladen- mousse
pasteis de nata	Teigpastete mit Füllung
pudim flan	Pudding
uvas	Trauben

Bebidas	Getränke
água mineral	Mineralwasser
– sem gás	stilles Wasser
– com gás	mit Kohlensäure
águadente	Branntwein
bagaço	Tresterschnaps
cerveja	Bier
medronho	Erdbeerschnaps
sumo	Fruchtsaft
sumo de maça	Apfelsaft
vinho verde	junger Wein
vinho branco/ rosé/tinto	Weiß-/ Rosé-/ Rotwein

🍴 Essen & Trinken

scher Restaurants, indische und chinesische Küche erfreuen sich immer größerer Beliebtheit. Brasilianische Bars und Restaurants sind fester Bestandteil der Lissabonner Restaurant- und Nightlife-Szene.

Bei den preiswerten Restaurants ist in der Regel keine **Reservierung** möglich. Für die teuren Restaurants empfiehlt sich für das Wochenende eine Reservierung. Der Sonntag ist kulinarisch oft eine Enttäuschung, da viele Restaurants dann ihren Ruhetag haben.

Getränke

Zum Essen wird Wasser oder Wein getrunken, ob Rot oder Weiß, manchmal auch Rosé, spielt keine Rolle, Geschmack, nicht Konvention entscheidet. Weinliebhaber kommen in Portugal voll auf ihre Kosten. Jedes Restaurant bietet einen preiswerten Hauswein *(vinho da casa)* an. Auf der Weinkarte findet man, nach Regionen unterteilt, noch zahlreiche andere Rot- und Weißweine. Es ist durchaus zu

Kleine Kaffeelehre

Den Portugiesen ist ihr Kaffee heilig. Es dauert schon eine Weile, bis der Reisende sich in den feinen Nuancen auskennt. Der *cimbalino* in Porto ist das, was für Lissabonner die *bica* ist. Es lohnt sich auf jeden Fall, die vielen Varianten auszuprobieren.

uma bica	Die *bica* ist der beliebteste Kaffee der Lissabonner, wird auch einfach als *café* bezeichnet. Es ist ein sehr starker Kaffee, ähnlich dem italienischen Espresso, der in einer kleinen Tasse serviert wird und möglichst heiß zu trinken ist.
uma bica cheia	Eine *bica*, nur ist die Tasse voll.
uma italiana	Eine besonders starke *bica*.
um carioca	Eine schwache *bica*, zweiter Aufguß.
um garoto	Eine Tasse Kaffee mit Milch. Hier unterscheidet man zwischen **garoto claro,** mit viel Milch, und **garoto escuro,** mit weniger Milch.
um galão	Milchkaffee, im Glas serviert. Möchte man mehr Kaffee als Milch, bestellt man einen **galão escuro,** will man mehr Milch als Kaffee, einen **galão claro.**
uma meia de leite	Milchkaffee, halb Milch, halb Kaffee, in einer großen Tasse serviert. Auch hier unterscheidet man zwischen **meia de leite claro** (mit viel Milch) und **meia de leite escuro** (mit etwas weniger Milch).

Wer lieber Tee mag ...

um chá	Schwarzer Tee, meistens im Beutel.
um chá de limão	Tee aus aufgebrühten Zitronenschalen.

empfehlen, jeweils die Weine der Region zu probieren, die man bereist. Wer es gerne leichter mag, dem sei der *vinho verde* ans Herz gelegt, ein prickelnder junger Weißwein aus der nördlichen Provinz Minho mit ca. 9 % Alkoholgehalt. Die Marken ›Alvarinho‹ oder ›Ponte de Lima‹ sind ausgezeichnet. Weniger bekannt ist der rote *vinho verde*, den es auch vom Faß gibt. Der berühmte *vinho do Porto* ist ein mit Brandy angereicherter Wein, der in Eichenfässern gelagert wird.

Gut und günstig

1° de Maio (H 6)

Rua da Atalaia, 8
Tel. 213 42 68 40
Mo–Fr 12–22.30,
Sa 19–22.30 Uhr, So geschl.
Tram: 28
Bus: 58, 100
Freundliches Restaurant im Bairro Alto, das immer wieder mal in Mode ist. Die typische Landesküche wird serviert. Der Wirt kennt seine Gäste; wer mehr als zweimal kommt, wird garantiert wiedererkannt und begrüßt. Die Einrichtung ist zwar alles andere als gestylt, aber hier zählt die angenehme Atmosphäre.

Bonjardim (J 6)

Travessa de Santo Antão
Tel. 213 42 43 89
Tgl. 12–22.30 Uhr
Metro: Restauradores
Bus: 1, 2, 9, 11, 31, 32, 36, 41, 44, 45, 46, 83, 90
Hähnchen *(frango)* ist hier der absolute Spitzenreiter. Kein lauschiges Plätzchen: Es geht immer sehr geschäftig und portugiesisch laut zu; preiswertes Essen und schneller Service.

Bota Alta (H 6)

Rua da Atalaia, 122
Tel. 213 42 79 59
Mo–Fr 12–14.30, 19–22.30,
Sa 19–22.30 Uhr, So geschl.
Tram: 28
Bus: 58, 100
Ein Klassiker im Bairro Alto. Serviert wird die typische Küche Portugals, dazu gibt es gute Weine. Man sollte frühzeitig kommen, da das Restaurant sehr beliebt ist.

Cafetaria Quadrante (Nebenkarte Belém)

Centro Cultural de Belém
Praça do Império
Tel. 213 61 24 00
Tgl. 11–20 Uhr
Tram: 15
Bus: 29, 43
Im Centro Cultural de Belém eine preiswerte und gute Möglichkeit zu essen, besonders schön sitzt man auf der Terrasse am Tejo; Self-Service.

Espaço Fernando (H 6)

Rua da Misericórdia, 37
Tel. 213 47 81 25
Mo–Fr 12–22.30,
Sa/So 19–22.30 Uhr
Bus: 58, 100
Self-Service-Restaurant über dem Luxusrestaurant Tavares Rico, zu dem es gehört (s. S. 40). Gediegene, etwas biedere Atmosphäre, gutes Essen. Mittags trifft man viele Geschäftsleute aus dem Chiado.

O Muni (J 6)

Rua dos Correeiros, 115–117
Tel. 213 42 89 82
Mo–Fr 12–22.30 Uhr,
Sa/So und feiertags geschl.
Metro: Rossio
Bus: 31, 36, 41
In diesem Restaurant wird die galizische Küche gepflegt. Jahrelang war in diesem Kellergewölbe eine

einfache Kneipe, bevor sie 1974 in ein Restaurant umgewandelt wurde. Das Ambiente ist schlicht und gepflegt, bemerkenswert ist die große Auswahl an Weinen. Hier verkehrt der Lissabonner Mittelstand und erfreut sich z. B. an *coelho à caçador*, Kaninchen nach Jägerart, oder an *bacalhau*, Stockfisch, der in schmackhaften Variationen zubereitet wird.

O Pitéu (K 5)

Largo da Graça, 95
Tel. 218 87 10 67
Mo–Fr 12–22, Sa 12–15 Uhr,
So geschl.
Tram: 28
Serviert wird recht preiswertes portugiesisches Essen wie *bacalhau* und Gegrilltes. Nichts Außerordentliches, aber solide und zufriedenstellende Küche.

Ponta de Diamante (K 7)

Rua Afonso de Albuquerque, 15
Tel. 218 88 16 18
Mo–Sa 12–22 Uhr, So geschl.
Bus: 104, 105
An der Casa dos Bicos gelegen. Serviert werden typische Gerichte aus dem Alentejo, z. B. Hase oder die typische *açorda*, ein Brotbrei.

A Varina da Madragoa (F 7)

Rua das Madres, 34–36
Tel. 213 96 55 33
Di–Fr, So 12–15.30, 19.30–24,
Sa 19.30–24 Uhr, Mo geschl.
Bus: 6, 13, 49
Hier geht auch José Saramago, einer der bekanntesten Schriftsteller des Landes, gerne traditionell essen. Das schlicht, aber freundlich eingerichtete Restaurant zieht jedoch nicht nur Literaten an. Auf den zahlreichen Fotografien an den Wänden läßt sich manch andere Persönlichkeit des öffentlichen Lebens entdecken.

Traditionslokale

Casa do Alentejo (H 5)

Rua das Portas de Santo Antão, 58
Tel. 213 46 92 31
Tgl. 12–15, 19–23 Uhr
Metro: Restauradores/Rossio
Bus: 1, 2, 9, 11, 31, 32, 36, 41, 44, 45, 46, 83, 90
Regionale Küche aus der Provinz Alentejo. Das Haus aus dem 19. Jh. mit seinem schönen Innenhof und dem großen Festsaal ist der Treffpunkt der Alentejaner in Lissabon. Wunderschön sind die mit Azulejos verkleideten Wände des Restaurants. Eine Besichtigung lohnt auf jeden Fall.

Cervejaria Edmundo (nördlich C 1)

Avenida Gomes Pereira, 1
Tel. 217 15 45 02
Di–So 12–2 Uhr, Mo geschl.
Bus: 4, 16, 33, 46, 50, 58, 63, 67, 85
In der Cervejaria in Benfica wird gutes Essen serviert. Zu empfehlen ist Seeteufelreis, *arroz de tamboril*. Das unfreundliche Aussehen des Fisches wird durch den Geschmack mehr als ausgeglichen. Gegrilltes ist eine weitere Spezialität.

Cervejaria Portugália (J 4)

Avenida Almirante Reis, 117
Tel. 213 14 00 02
Tgl. 10–2 Uhr
Metro: Anjos
Tram: 17
Bus: 7, 8, 40
In dem großen Brauhaus geht es lebhaft und laut zu; sympathisches Ambiente. Zum Bier wird traditionelles Essen serviert; der Kellner wird vor allem *bife* empfehlen, das in allen Variationen zubereitet wird.

Cervejaria Trindade (H 6)

Rua Nova da Trindade, 20 C
Tel. 213 42 35 06

Frische Meeresfrüchte werden nicht nur im traditionellen Fischrestaurant Gambrinus serviert

Tgl. 9–2 Uhr, feiertags geschl.
Bus: 58, 100
Wer später kommt, muß geduldig in der Schlange stehen, die Cervejaria ist auch bei Jugendlichen sehr beliebt. Trotz seiner Größe ist das traditionelle Brauhaus mit den schönen Kacheln und seinem Innenhof meist sehr voll. Spezialität ist Steak nach Art des Hauses.

Galeto (H 2)
Avenida da República, 14
Tel. 213 56 02 69
Tgl. 8–4 Uhr
Metro: Saldanha
Bus: 1, 36, 38, 44, 45, 49, 83, 90, 101
An der Einrichtung kann es nicht liegen, daß diese große Snack-Bar seit mehr als 30 Jahren von 8 Uhr morgens bis 4 Uhr in der Nacht so fleißig besucht wird. Aber es gibt eben Gewohnheiten ...

Gambrinus (H 5)
Rua das Portas de Santo Antão, 23
Tel. 213 42 14 66
Tgl. 12–2 Uhr

Metro: Restauradores/Rossio
Bus: 1, 2, 9, 11, 31, 32, 36, 41, 44, 45, 46, 83, 90
Das traditionelle Fischrestaurant Lissabons. Obwohl mit umgerechnet ca. 85 DM pro Essen gerechnet werden muß, ist das Geld für die hervorragenden Fischgerichte keinesfalls verschwendet. Der Eßsaal hat Platz für 100 Personen, an der Eingangstheke bekommt man auch ein Bier und kleinere Speisen.

Martinho da Arcada (J 7)
Praça do Comércio, 3
Tel. 218 87 92 59
Mo–Sa 12.30–15, 19–22 Uhr, So geschl.
Bus: 11, 13, 81, 25 A
Schon weil Fernando Pessoa vor seinem obligatorischen Glas Wein hier saß und schrieb, sollte man das Restaurant besuchen. Unter den Arkaden und im vorderen Bereich befindet sich das Café. Alles ist sehr traditionell, trotz der vielen Touristen ist das Essen sehr gut.

Brot und Oliven

In der Regel stellt man in den Restaurants unaufgefordert einige Appetithäppchen auf den Tisch. Manchmal sind es nur Brot und Oliven, manchmal auch Käse und Wurst. In einigen Restaurants beschränkt es sich auf Butter und Schmelzkäse in Plastikdöschen. Wer darauf verzichten möchte, sollte diese Vorspeisen nicht anrühren und den Kellner auch darauf aufmerksam machen, denn sie werden meist extra berechnet.

Restaurants der mittleren Preisklasse

Além Montes (H 4)
Travessa de Santa Marta, 4 A/B
Tel. 213 15 77 93
Mo–Sa 12–22.30 Uhr,
So und feiertags geschl.
Bus: 23, 30
In diesem angenehmen, mittelgroßen Restaurant mit gutem und freundlichem Service wird hauptsächlich, aber nicht ausschließlich, die Küche der nördlichen Provinz Trás-os-Montes gepflegt. Da diese Region recht weit vom Meer entfernt ist, spielt Seefisch kaum eine Rolle. Forelle *(truta)* mit Schinken oder *bacalhau* können aber durchaus neben den üppigen Fleischgerichten bestehen. Und daß nicht nur regional gedacht und gekocht wird, zeigt der ausgezeichnete *lebre com feijão branco à alentejana*, Hase mit weißen Bohnen nach Art des Alentejo.

Cais da Ribeira (H 8)
Cais do Sodré
Armazém 2 A
Tel. 213 42 36 11
Mo–Fr 12–15, 19–1, Sa 19–1 Uhr,
So und feiertags geschl.
Tram: 15, 18
Bus: 1, 2, 7, 35, 44, 45, 58, 82, 83, 107
Am Rande des Vergnügungsviertels Cais do Sodré am Tejo gelegen. Gediegene Atmosphäre mit einer reichen Auswahl nicht nur an Fischgerichten. Das Gebäude diente früher als Speicher.

Coelho da Rocha (E 5)
Rua Coelho da Rocha, 104
Tel. 213 90 08 31
Mo–Sa 12–22.30 Uhr, So geschl.
Tram: 25, 28
Bus: 9, 18, 74
Ein bürgerliches Restaurant in einem bürgerlichen Viertel, in der Straße, in der Fernando Pessoa die letzten Lebensjahre verbrachte. Ruhiges Lokal mit gutem traditionellem Essen und ausgesuchten Weinen. Spezialität des Hauses sind *arroz de coelho*, ein Kaninchen-Reis-Gericht, oder *perna de borrego*, Lammkeule im Ofen.

Jardim Tropical (H 5)
Avenida da Liberdade, 144–156
Tel. 213 42 20 70
Mo–Sa 12–23 Uhr, So geschl.
Metro: Avenida
Bus: 1, 2, 9, 11, 31, 32, 36, 41, 44, 45, 46, 83, 90
Das Erstaunlichste sind die Räumlichkeiten und die Ausstattung: eine Architektur aus Stahl und Glas mit Pflanzen, Sträuchern, Bäumen und einem kleinen See. Alles wirkt hell und frisch. Das Essen ist der

Umgebung angemessen. *Lombo de porco com ameixas*, Schweinelende mit Pflaumen, oder *caltaplana de peixe*, Fisch, in einem besonderen Topf zubereitet, gehören neben Gegrilltem zu den Spezialitäten des tropischen Gartens.

Pap'Açorda (H 6)
Rua da Atalaia, 57
Tel. 213 46 48 11
Mo 20–23.30, Di–Sa 12.30–14.30, 20–23.30 Uhr, So geschl.
Bus: 58, 100
Eine Art Klassiker im Bairro Alto. Zwei Alentejaner hatten die gute Idee, das Essen ihrer Region etwas verfeinert darzubieten. Und dieses Rezept war die Basis des Erfolges.

Papagaio da Serafina (C 2)
Parque Recreativo do Alto da Serafina
Tel. 217 74 28 88
Di–So 12–22.30 Uhr, Mo geschl.
Am besten mit dem Taxi zu erreichen
Das seit 1994 bestehende Restaurant ist gar nicht so leicht zu finden. Man fährt Richtung Monsanto und orientiert sich am besten am Serafina-Park, noch leichter ist es mit dem Taxi. Das Lokal liegt sehr schön mit Blick ins Grüne. Die Einrichtung ist dezent modern gehalten, die Tische schlicht und schön gedeckt. *Cabrito à transmontana* (Zicklein) oder *caril de gambas*, Garnelen-Curry, entschädigen für die lange Anfahrt und Sucherei.

Ponto Final (südlich H 8)
Cais do Ginjal, 72
Cacilhas
Tel. 212 76 07 43
Di–So 12.30–15,
19.30–23.30 Uhr, Mo geschl.
Mit der Fähre setzt man von der Praça do Comércio nach Cacilhas über. Nach 10 Min. Fußweg am Kai entlang erreicht man am Ende ein Restaurant mit Tischen direkt am Fluß. Der Blick auf die Stadt bei Sonnenuntergang ist einfach traumhaft. Sehr gute portugiesische Küche, gute Weine, freundlich unaufdringliche Bedienung – man möchte nicht mehr weg. *Der* Restauranttip in Lissabon.

Solar dos Presuntos (H 5)
Rua das Portas de
Santo Antão, 150
Tel. 213 42 42 53
Mo–Sa 12–15, 19–22.30 Uhr,
So geschl.
Metro: Restauradores/Rossio
Bus: 1, 2, 9, 11, 31, 32, 36, 41, 44, 45, 46, 83, 90
In diesem etwas vornehmeren Restaurant wird der Kenner der politischen Landschaft Portugals manch bekanntes Gesicht treffen.

In der Küche des Pap'Açorda werden schmackhafte Speisen aus dem Alentejo zubereitet

Essen & Trinken

Gute Landesküche und ebensolche Weine in einem dezent vornehmen Rahmen.

Sua Excelência (E 7)
Rua do Conde, 42
Tel. 213 90 36 14
Mo/Di/Do/Fr 13–15.30, 20–23.30,
Sa/So 20–23.30 Uhr, Mi geschl.
Bus: 27, 40, 49, 60
Eine Speisekarte sucht man vergebens. Senhor Queiroz übernimmt das Anpreisen der Speisen mit Charme und Talent, wenn nötig auch in vier Sprachen. Auf seine Empfehlungen sollte man sich verlassen. Unkonventionelle Küche in einem sehr freundlichen Ambiente.

Umpontocinco (G 6)
Rua Marcos Portugal 1/5
Tel. 213 96 48 95
Tgl. 13–15, 19.30–23.30 Uhr
Bus: 6, 49
Direkt an der Praça das Flores liegt dieses modisch dezent eingerichtete Restaurant. Von der Bedienung über das Mobiliar bis zum Geschirr ist alles freundlich und auf einen angenehmen Aufenthalt abgestimmt. Verschiedene Brotsorten werden zu den Vorspeisen gereicht. Die Küche stützt sich vor allem auf eine Verfeinerung landestypischer Speisen. Neben den Fischgerichten hervorragend die Entenbrust. Auch Desserts und Weine entsprechen dem Niveau des Hauses.

Meia Dose

In den meisten Restaurants besteht die Möglichkeit, eine halbe Portion, »uma meia dose«, zu bestellen. Dies empfiehlt sich vor allem bei den traditionellen portugiesischen Gerichten, die meist sehr reichlich ausfallen. Die ländliche Küche ist sehr deftig und überaus sättigend.

Die Klassiker

O Funil (G 1)
Avenida Elias Garcia, 82 A
Tel. 217 96 60 07
Di–Sa 12–22.30, So 12–15 Uhr,
Mo geschl.
Bus: 1, 27, 32, 36, 38, 44, 45, 49, 83, 90, 101
Unter den Klassikern eines der preiswerten Restaurants. Seit 1961 wird in eher schlichter, inzwischen etwas altmodischer Ausstattung gute Küche angeboten. Die *meia dose*, eine halbe Portion, reicht bei den üppigen Mengen völlig aus.

A Gôndola (G 1)
Avenida de Berna, 64
Tel. 217 97 04 26
Mo–Fr 12–22.30,
Sa 19–22.30 Uhr, So geschl.
Bus: 16, 26, 31, 41, 46, 56
In dem Restaurant gegenüber dem Gulbenkian-Museum werden hervorragende Gerichte serviert. Es gibt sogar Lasagne. Besonders schön und in Lissabon sehr selten ist der dazugehörige Garten, in dem man draußen essen kann.

Isaura (J 1)
Avenida de Paris, 4
Tel. 218 48 08 38
Tgl. 12–15.30, 19–22.30 Uhr
Bus: 8, 17, 19, 35
Seit über 45 Jahren finden hier 75 Gäste Platz. Die Einrichtung wirkt etwas bieder und streng, die Qua-

lität der Küche ist gut. Herausragendes Weinangebot. Wer die verschiedenen Regionalküchen Portugals kennenlernen möchte, ist hier genau richtig.

Paris (J 6)
Rua dos Sapateiros, 126
Tel. 213 46 97 97
Tgl. 12–22.30 Uhr
Metro: Rossio
Bus: 31, 36, 41
Das schlichte Restaurant liegt zwischen Rossio und der Praça do Comércio inmitten der geschäftigen Unterstadt, der Baixa. Man sollte es den vielen Geschäftsleuten gleichtun und hier zu Mittag essen. Gäste und Personal scheinen in diesem Restaurant seit seiner Eröffnung 1958 gemeinsam gealtert zu sein. Unter den Weinen finden sich immer ganz besondere Jahrgänge.

Tágide (H 7)
Largo da Academia Nacional de Belas Artes, 18
Tel. 213 42 07 20
Mo–Fr 12–14.30, 19.30–22.30, Sa 19.30–22.30 Uhr,
So und feiertags geschl.
Bus: 58, 100
Seit 1975 gibt es dieses Restaurant mit dem schönen Speisesaal und herrlichem Blick über die Stadt. Das Essen ist traditionell – vor allem Fisch, Ente und Lamm werden serviert –, doch jedes einzelne Gericht wird durch seine Zubereitungsweise zur Spezialität.

Via Graça (K 5)
Rua Damasceno Monteiro, 9 B
Tel. 218 87 08 30
Mo–Fr 12.30–15, 19.30–23, Sa 19.30–23 Uhr, So geschl.
Tram: 28
Auch eines der Restaurants, in denen man am Fenster sitzen soll-

te. Lissabon liegt dann wie eine Postkarte vor dem Betrachter. Die Küche orientiert sich an den Regionen des Landes, bietet z. B. auch Gerichte aus Trás-os-Montes.

York House (F 7)
Rua das Janelas Verdes, 32, 1°
Tel. 213 96 24 35
Tgl. 12.30–15.30, 19.30–22 Uhr
Bus: 27, 40, 49, 60
Im ersten Stock des Residencial York House (s. S. 28) lädt das sehr gute Restaurant zur Einkehr ein. Typisch und schön anzusehen sind die mit Azulejos verkleideten Wände. Im Sommer läßt es sich wunderbar auf der kühlen Terrasse sitzen. Spezialitäten sind Seezunge, Entenbrust oder Garnelen.

Die Spitzenreiter

O Cacilheiro (E 8)
Cais da Rocha do Conde de Óbidos
Tel. 213 97 96 39
Tgl. 12–22.30 Uhr
Tram: 15
Bus: 14, 28, 32, 43
Seit der Reorganisierung des Tejo-Ufers haben dort zahlreiche Restaurants und Bars eröffnet. Eines der schönsten ist dieses Schiffsrestaurant, das sich durch herausragende Qualität bereits einen Namen gemacht hat. Serviert wird portugiesische Küche, und ganz leicht bewegt sich dazu der Tejo. Sehr angenehm.

Casa da Comida (F 5)
Travessa das Amoreiras, 1
Tel. 213 87 51 32
Mo–Fr 12.30–15.30, 20–24, Sa/So 20–24 Uhr
Bus: 20, 22, 27, 38, 49
Am Jardim das Amoreiras liegt dieser Gourmettempel, der zu den

teuersten Restaurants Lissabons gehört. Gekocht wird portugiesisch. Hier ist alles vom Feinsten – ob Einrichtung, Service, Fisch, Fleisch, Nachtisch oder Getränke. Und das Erstaunlichste ist, daß man sich bei so viel Noblesse noch sehr wohl fühlen kann, denn alles spielt sich in einem dezent unaufdringlichen Rahmen ab.

A Comenda (Nebenkarte Belém)
Centro Cultural de Belém
Praça do Império
Tel. 213 01 96 06
Di–Sa 12.30–15.30, 19.30–22.30,
So 12.30–15.30 Uhr, Mo geschl.
Tram: 15
Bus: 29, 43
Gewiß eine der positiven Überraschungen auf gastronomischem Gebiet. Das erst seit 1994 existierende Restaurant hat schon einen gesicherten Platz unter den Spitzenlokalen. Es wird eine neue portugiesische Küche vorgestellt, die geschmackssicher und phantasievoll zubereitet ist. Und das alles in einer schlichten, aber sehr feinen Atmosphäre.

O Porto de Santa Maria
Estrada do Guincho
Cascais
Tel. 214 87 02 40
Di–So 12–22 Uhr, Mo geschl.
Nun gut, es liegt ca. 30 km außerhalb. Aber für Portugiesen stellt solch eine Entfernung niemals ein Hindernis dar. Die Lage direkt am Atlantik und die Aussicht sind einfach umwerfend. Seit 1974 werden hier vor allem Fisch und Meeresfrüchte serviert, aber auch die anderen Gerichte sind überaus empfehlenswert. Eine der Spezialitäten des Hauses ist *peixe no pão*, im Brotteig gebackener Fisch. Und wenn selbst der portugiesische

Staatspräsident Jorge Sampaio gelegentlich hier speist ...

Tavares Rico (H 6)
Rua da Misericórdia, 37
Tel. 213 42 11 12
Mo–Fr 12–14.30, 19.30–23,
Sa/So 19.30–23 Uhr
Bus: 58, 100
Prunkvolle Innenausstattung mit viel Gold, Spiegeln und Kronleuchtern. Das Tavares Rico ist zweifellos ein nobler und historischer Ort. Im 1784 eröffneten Lokal tafelte schon der Gourmet und Schriftsteller Eça de Queirós. Und auch heute noch trifft man auf manche Berühmtheit des Landes. In der Tat eines der schönsten Restaurants Portugals mit einer außerordentlich guten Küche.

♨ Aus aller Welt

Atira-te ao Rio (südlich H 8)
Cais do Ginjal, 69
Cacilhas
Tel. 212 75 13 80
Di–So 16–24 Uhr, Mo geschl.
»Wirf dich in den Fluß« lautet der Name des Restaurants. Kurz vor dem Ponto Final (s. S. 37) und in ebenso schöner Lage wird hier brasilianische Küche serviert, u. a. *feijoada brasileira*, eine äußerst üppige Mahlzeit mit Bohnen, zu der eine *Caipirinha*, Zuckerrohrschnaps mit Limetten und Eis, vorzüglich schmeckt.

Cervejaria Alemã (H 7)
Rua do Alecrim, 23
Tel. 213 42 29 16
Mo–Sa 9–22 Uhr
Bus: 58, 100
Wer auch im Urlaub nicht darauf verzichten kann und wen das Heimweh plagt: Hier gibt es unter portugiesischer Leitung deutsches

Einst Künstler- und Literatentreff: das Café A Brasileira

Essen. Klassiker wie Bratwurst und Schweinshaxe sind ebenso vertreten wie Franziskaner Weißbier. Gejodelt wird allerdings nicht.

Restaurante Farah's Tandoori (E 6)

Rua de Santana à Lapa, 73
Tel. 213 90 92 19
Mi–Mo 12–13.30, 15–22.30 Uhr, Di geschl.
Bus: 13
Etwas versteckt und unscheinbar liegt dieses indische Restaurant. Die Wirtin ist so freundlich, nach dem gewünschten Schärfegrad zu fragen, auch auf Englisch. Diese Frage sollte unbedingt geklärt werden, denn wer sich nicht den Mund verbrennen will, sollte nicht unbedingt die höchste Stufe wählen.

Restaurante Nuvem Mar (H 4)

Rua Alexandre Herculano, 7
Tel. 213 55 60 53
Tgl. 12–23 Uhr
Bus: 6, 9, 74
Chinesische Küche in Lissabon. Die Unterschiede zu Chinarestaurants in Deutschland sind in Ausstattung und Qualität gering. Hier werden allerdings ebenso einige portugiesische Gerichte angeboten. Und preiswert ist das Essen auch.

Velha Goa (E 5)

Rua Tomás da Anunciação, 41
Tel. 213 90 04 46
Di–So 12.30–14.30, 19.30–22.30 Uhr, Mo geschl.
Tram: 25, 28
Bus: 9, 18, 74
In der ehemaligen portugiesischen Kolonie Goa haben sich indische und portugiesische Elemente zu einer Küche mit ganz eigenen Merkmalen verschmolzen. Das Restaurant hatte früher Live-Musik, heute beschränkt man sich dort im Untergeschoß eines Wohnhauses ganz auf das Kochen. Eine angenehme und sehr schmackhafte Abwechslung.

Cafés

A Brasileira do Chiado (J 7)

Rua Garrett, 120
Tel. 213 46 95 41
Tgl. 8–2 Uhr

An den Docas kann man wunderbar den Abend verbringen

Tram: 28
Bus: 58, 100
Das berühmteste Café des Landes, wo sich Künstler, Schriftsteller und Intellektuelle trafen. 1905 wurde es eröffnet, um Kaffee aus Brasilien zu verkaufen. Heute ist es sehr stark von Touristen bestimmt. Vor dem Café sitzt nun nach Abschluß der Arbeiten an der Metro wieder Pessoa in Bronze. Die Fotoapparate werden erneut gezückt.

Cafetaria Quadrante (Nebenkarte Belém)
Centro Cultural de Belém
Praça do Império
Tel. 213 61 24 00
Tgl. 11–20 Uhr
Tram: 15
Bus: 29, 43
Café und Self-Service (s. S. 33). Die Terrasse ist besonders zu empfehlen. Hier finden im Sommer abends Jazzkonzerte statt, oder man kann zu dezenter klassischer Musik auf den Tejo schauen. Mittlerweile ist das Quadrante ein beliebter Treffpunkt der Lissabonner.

Straßencafés an den Docas (C 8)
Doca de Santo Amaro, an der Ponte 25 de Abril, Alcântara
Tram: 15, 18
Bus: 14, 20, 22, 32, 38, 43
Nach langen Diskussionen entschied sich die Stadt, das Tejo-Ufer bürgernah zu gestalten (s. S. 56). Zahlreiche Bars und Straßencafés entstanden so am Fluß, fast direkt unter der Ponte 25 de Abril. Hier flanieren jetzt die Lissabonner zu Tausenden, vor allem an den Wochenenden muß mit ›Staus‹ gerechnet werden.

Fábrica dos Pastéis de Belém (Nebenkarte Belém)
Rua de Belém, 84
Tel. 213 63 74 23
Tgl. 8–23 Uhr
Tram: 15
Bus: 27, 28, 29, 43, 49, 51
Kultstätte für Fans der kleinen Blätterteigpasteten mit Vanillecreme-Füllung, *Pastéis de Belém* oder *Pastéis de Nata* geheißen. Von hier kommen sie, werden in alten Öfen

gebacken und mit Zimt und Traubenzucker bestreut serviert. Vorsicht: Diese köstliche Süßspeise macht süchtig. Das großräumige Café selbst, mit Azulejos verkleidet, ist eine Schau.

Mexicana (J 1)
Avenida Guerra Junqueiro, 30 C
Tel. 218 48 61 17
Tgl. 8–24 Uhr
Bus: 7, 20, 22, 33, 40
An der Praça de Londres, ganz in der Nähe der schicken Einkaufsstraße Avenida de Roma, befindet sich das Mexicana seit den 60er Jahren. Damals gab es dort sogar einen Barbier. Originell ist im Innern ein Wandbild aus Kacheln. Frequentiert wird dieses Café, wie in Lissabon üblich, von allen Altersgruppen.

Pastelaria Suiça (J 6)
Praça Dom Pedro IV
Tel. 213 21 40 90
Tgl. 7–21.30 Uhr

Metro: Rossio
Bus: 31, 36, 41
Am Rossio befindet sich das Café, das nach aufwendiger Renovierung wieder zu den beliebtesten der Hauptstadt zählt. Während des Zweiten Weltkrieges trafen sich hier viele Flüchtlinge aus Deutschland auf der Suche nach Möglichkeiten, in die USA auszureisen.

Pastelaria Versailles (H 2)
Avenida da República, 15
Tel. 213 54 63 40
Tgl. 7–22 Uhr
Metro: Saldanha
Bus: 1, 36, 38, 44, 45, 49, 83, 90, 101
Dieses Café gehört zu den großen Lissabonner Kaffeehäusern. 1925 eröffnet und vom Jugendstil geprägt, ist es heute eines der letzten Refugien für Lissabonner Damen. Zur Teestunde versammeln sie sich noch immer hier, vornehm gekleidet – der Würde des Ortes angemessen.

Unwiderstehlich: Nur hier, in der Fábrica dos Pastéis de Belém, werden die Küchlein nach einem geheimen Originalrezept hergestellt

🛍 Shopping

Da ist nichts zu machen, die Lissabonner lieben ihre gigantischen Shopping-Center. Während sich der Reisende noch kopfschüttelnd fragte, wer denn das alles kaufen soll, entstand in Benfica schon ein neuer Konsumpalast, das Centro Comercial Colombo, gleich einer der größten Europas. Aber zum Glück gibt es auch noch all die kleinen Läden in der Baixa, und wem das nicht fein genug ist, der geht zum Shopping über die Avenida de Roma. Mode wurde in Portugal fast ausnahmslos importiert. Lange war die Modeschöpferin Ana Salazar die einzige Ausnahme, sie hatte sogar ein Geschäft in Paris. Heute gibt es einige nationale Modemacher, auch wenn die großen internationalen Marken überall präsent sind. Besonderheiten sind der fein gearbeitete portugiesische Schmuck, preiswert sind Lederwaren wie Taschen und Schuhe.

Bücher

Barata (nördlich J 1)
Avenida de Roma, 11
Mo–Sa 9–23 Uhr
Metro: Roma
Bus: 7, 33, 35, 67

Eine der besten Buchhandlungen der Stadt. Alle Arten von Büchern; auch internationale Zeitungen und Zeitschriften. Häufig finden Lesungen statt.

Barateira (H 6)
Rua Nova da Trindade, 16
Mo–Fr 9–12.30, 14.30–19,
Sa 9–13 Uhr
Bus: 58, 100
Neuerscheinungen bekommt man gebraucht am schnellsten hier, aber auch viele alte fremdsprachliche Bücher.

Bertrand (J 7)
Rua Garrett, 73
Mo–Fr 9–19, Sa 9–13 Uhr
Tram: 28
Bus: 58, 100
Große Buchhandlungskette, Neuerscheinungen, gute Sprachenabteilung und schöne Kinderbücher, bestens geeignet, um Portugiesischkenntnisse aufzubessern. Filialen: Centro Cultural de Belém, Avenida de Roma, 13 B, Rua Dona Estefânia, 46 C/D, Rua Dr. João Soares, 4 A.

Buchholz (G 4)
Rua Duque de Palmela, 4
Mo–Fr 9–18, Sa 9–13 Uhr
Bus: 6, 9, 74
Deutsche Buchhandlung in Lissabon, die auch ein großes Angebot an portugiesischer, französischer und englischer Literatur hat. Es werden Lesungen deutscher Autoren veranstaltet, die gerade in der Stadt weilen.

O Mundo do Livro (H 6)
Largo da Trindade, 13
Mo–Fr 9–19, Sa 9–13 Uhr
Bus: 58, 100
Neben alten Büchern gibt es hier auch Stiche und Gravuren sowie alte Landkarten.

Der bekannte Flohmarkt in der Alfama, Feira da Ladra, bietet Kitsch und Trödel, Kleidung und Haushaltswaren aller Art

Floh- und Wochenmärkte

Feira da Ladra (L 6)
Campo de Santa Clara
Di/Sa 7–18 Uhr
Tram: 28
Der Flohmarkt besteht schon seit 1822. Gerüchte besagen, daß gestohlene Dinge hier schnell wieder gefunden werden können. Schuhe und Kleidung gibt es neben allerhand Gerümpel. In den letzten Jahren wird dieser Flohmarkt akustisch immer stärker von CD-Verkäufern bestimmt, die ihren musikalischen Kitsch dröhnend an den Kunden bringen wollen.

Feira de Carcavelos
Largo do Mercado de Carcavelos
Do 8–14 Uhr, außer an Feiertagen
Zug: halbstündlich von der Estação Cais do Sodré Richtung Estoril
Auf dem Markt im Vorort Carcavelos kauft vor allem Lissabons Jugend ihre Kleidung. Als leicht fehlerhafte Ware wird sie aufgekauft und hier feilgeboten. Aber auch, wer keine Jeans oder T-Shirts benötigt, wird an dem bunten Treiben und dem Anpreisen der Waren Gefallen finden.

Feira de Oeiras
Jardim Municipal de Oeiras
Jeden letzten So im Monat
Zug: halbstündlich von der Estação Cais do Sodré Richtung Estoril
Gerade an heißen Sonntagen ist der Antiquitätenmarkt in Oeiras eine willkommene Alternative zur Großstadt.

Feira de São Pedro de Sintra
Sintra-Colares
Jeden 2. und letzten So im Monat
Zug: halbstündlich von der Estação do Rossio
Hier werden Kleidung, Hühner, Pflanzen, Obst, Möbel und all das, was man für einen ländlichen Haushalt so braucht, angepriesen. Will man seinen Garten mit portugiesischen Gewächsen bereichern, bekommt man hier die passenden Samen. Bei der Einfahrt nach Sintra merkt man bereits am Stau, daß Markt ist.

Mercado da Ribeira (H 7)
Avenida 24 de Julho,
nahe Cais do Sodré

Shopping

Mo–Sa 6–14 Uhr
Tram: 15, 18
Bus: 14, 28, 32, 40, 43
Lissabons größte Markthalle in einem Gebäude vom Anfang des 20. Jh. In dem Markttreiben werden Blumen, Fleisch, Fisch, Obst und Gemüse lautstark feilgeboten, und einmal im Jahr werden in der oberen Etage auch alte und neue Bücher verkauft.

Mercado das Flores (J 6)

Praça Dom Pedro IV
Mo–Sa 7–14 Uhr
Metro: Rossio
Bus: 31, 36, 41
Täglich außer So findet auf dem Rossio ein Blumenmarkt statt. Blumenläden sind in Lissabon eine Rarität, so daß sich viele auf dem Markt mit Blumen versorgen. Leider wird momentan das schöne Bild der bunten Farbenpracht durch die Bauarbeiten an der U-Bahn ziemlich beeinträchtigt.

Mercado de Campo de Ourique (E 5)

Rua Coelho da Rocha
Mo–Sa 7–14 Uhr
Tram: 25, 28
Bus: 9, 18, 74
Mo ist zwar geöffnet, aber da es dann keinen Fisch gibt, lohnt der Weg nicht. An den restlichen Tagen ist das Angebot auf diesem sehr lebendigen Markt außerordentlich gut.

Galerien

Espaço Oikos (K 7)

Rua Augusta Rosa, 40
Mo–Sa 11–19.30 Uhr
Tram: 28
Diese Galerie auf dem Weg entlang der Straßenbahnschienen hoch zur Burg hat sich afrikanischer Kunst verschrieben. Ein Blick in den schönen Raum lohnt immer.

Galeria Luís Serpa (G 5)

Rua Tenente Raul Cascais, 1 B
Mo–Fr 14.30–19.30 Uhr
Bus: 6, 49
Interessante Galerie mit zeitgenössischer Kunst.

Kunst und Kitsch

Antiquíssimo (K 6)

Rua Santiago, 8
Mo–Sa 15–19.30 Uhr
Tram: 28
Alte Kacheln, Spielzeug und vieles mehr findet sich hier in der Alfama. Billig ist es nicht, und die Versuchung ist groß.

Bricabraque de São Bento (G 7)

Rua de São Bento, 542
Mo–Fr 10–13, 15–19.30,
Sa 10–14 Uhr
Bus: 6, 49
Alles, was über 100 Jahre alt ist, von Möbeln über Porzellan, Bilder und Pianos bis zu Teppichen.

Centro de Turismo e Artesanato (G 5)

Rua Castilho, 61
Bus: 20, 22, 27, 38
Tgl. 9–20 Uhr
Vom Hahn aus Barcelos bis zu Teppichen aus Arraiolos, von Wandbildern aus Azulejos, Schmuck bis zu gestickten Tischdecken bekommt man hier fast alles, was kunstgewerblich in Portugal hergestellt wird. Außerdem gibt es eine große Auswahl an Portwein und anderen Weinen. Da es so viel zu kaufen gibt, schickt der Laden auf Wunsch seinen Kunden die Ware per Schiff oder Flugzeug an die Heimatadresse.

Fábrica Constaça (E 7)
Rua de São Domingos à Lapa, 8 C
Mo–Sa 9–18 Uhr
Bus: 25, 26, 29, 30
Eine große Auswahl an handge-
malten Azulejos, die nach alten
Techniken gefertigt werden, kann
man hier käuflich erwerben.

Faianças e Azulejos
Sant'Anna (H 7)
Rua do Alecrim, 95
Mo–Fr 9–13, 14–17.30,
Sa 10–14 Uhr
Tram: 28
Bus: 58
Die Azulejos aus der traditionsrei-
chen Fábrica Sant'Anna kann man
in dem Ladengeschäft erstehen.
Die Produktionsstätte Sant'Anna in
Belém (Nebenkarte), Calçada da
Boa-Hora, 96, Tel. 213 63 82 92,
kann auf Anfrage besichtigt wer-
den. Nach überlieferten Verfahren
werden dort vor allem handgear-
beitete Kopien von Azulejos aus
dem 17. Jh. hergestellt.

Spera (H 6)
Rua da Atalaia, 64 A
Mo–Fr 16.30–22 Uhr
Bus: 28, 100
Das Geschäft hat sich vor allem auf
Afrikanisches spezialisiert. Möbel
aus Kenia finden sich neben Glas
aus Tunesien oder marokkanischer
Keramik. Auch Kunsthandwerk
aus Lateinamerika gibt es zu kau-
fen.

Lederwaren

Casa Canadá (J 6)
Rua Augusta 228–232
Metro: Rossio
Bus: 31, 36, 41
Neben Kleidung, Taschen und Kof-
fern gibt es allerlei Accessoires aus
Leder.

Versailles (J 6)
Rua de Santa Justa, 96
Metro: Rossio
Bus: 31, 36, 41

**Blumenmarkt auf der Praça Dom Pedro IV (Rossio) vor dem
schönen Brunnen**

Shopping

Über mangelnden Umsatz können sich die Modegeschäfte im gut besuchten Amoreiras Shopping-Center nicht beklagen

Lederwaren aller Art: Portemonnaies, große und kleine Taschen.

Mode und mehr

Ana Salazar
(nördlich J 1 und J 6)
Avenida de Roma, 16 E
Mo–Fr 10–19, Sa 10–13 Uhr
Bus: 7, 20, 22, 33, 40
Rua do Carmo, 87
Metro: Rossio
Bus: 31, 36, 41
Die bekannteste Modeschöpferin Portugals und die einzige mit internationalem Ruf. Eigenwillige Kreationen mit geometrischem Schnitt. Versteht sich als Künstlerin.

Ayer (H 5)
Avenida da Liberdade, 117 A
Mo–Fr 9–19, Sa 9–13 Uhr
Metro: Avenida
Bus: 1, 2, 9, 11, 31, 32, 36, 41, 44, 45, 46, 83, 90
Gleich neben dem Kino São George findet sich diese Boutique, in der kaum portugiesische Modemacher vertreten sind. Denn als chic und elegant – und Ayer gilt als etwas Besonderes – schätzen die Lissabonner noch immer nur Französisches. Große Auswahl der großen Marken.

Azevedo Rua (J 7)
Rua Augusta, 151
Mo–Fr 9–19, Sa 9–13 Uhr
Bus: 11, 13, 25 A, 81
Auf der Hauptstraße der Unterstadt befindet sich der Laden, der sich ganz den Hüten verschrieben hat: Herren- und Damenhüte, Mützen, traditionelle Kopfbedeckungen. Gewiß ist für jeden Kopf etwas dabei.

Bazar Paraíso (H 6)
Rua do Norte, 42
Mo–Sa 12–19 Uhr
Bus: 58, 100
Hier gibt es Mode portugiesischer Stylisten sowie Möbel, Glaswaren und manches andere zur Verschönerung der eigenen vier Wände.

Isilda Pelicano (nördlich D 1)
Estrada de Benfica, 498 B
Mo–Fr 10–19.30, Sa 10–13 Uhr
Bus: 16, 16 C, 46, 54, 58, 63, 68
Das Spektakuläre ist ihre Sache nicht. Aber alle Entwürfe haben etwas Besonderes, so daß man sie auch gerne mehr als eine Saison lang anschaut.

Loja Branca (G 6)
Praça das Flores, 48 A
Mo–Fr 14–20 Uhr
Bus: 4, 49
An der schönen Praça das Flores verkauft die Modemacherin Manuela Gonçalves ihre Kreationen. Sie wurde bekannt, weil sie schon früh Naturstoffe verwendete und daraus ihre ungewöhnliche Mode kreierte. Inzwischen fast schon ein Klassiker.

Musik

Valentim de Carvalho (J 6)
Praça Dom Pedro IV, 59
Tel. 213 42 02 05
Mo–Fr 10–20, Sa/So 10–19 Uhr
Metro: Rossio
Bus: 31, 36, 41
Großer Musik- und Buchladen auf drei Etagen direkt am Rossio. Hier erhält man einen guten Überblick über die portugiesische Musikszene von Madredeus bis zum traditionellen Fado.

Virgin Megastore (H 6)
Praça dos Restauradores
Metro: Restauradores
Bus: 1, 2, 9, 11, 31, 32, 36, 41, 44, 45, 46, 83, 90
Große Musikauswahl nach Sparten sortiert auf einer enormen Fläche. Anders als in Portugal üblich werden hier die Interpreten nach ihrem Nachnamen sortiert, so daß sich der Reisende nicht umstellen muß und schneller fündig wird.

Porzellan

Vista Alegre (H 7)
Largo do Chiado, 18
Mo–Fr 9–19, Sa 9.30–13 Uhr
Bus: 58, 100
Die Firma Vista Alegre in der Nähe von Aveiro hat es mit ihrem Porzellan zu Weltruhm gebracht. Egal, ob man ein ganzes Service oder Einzelstücke erwirbt, das handgemalte Porzellan ist unbedingt eine Bereicherung fürs eigene Heim. Im Einkaufszentrum Amoreiras (s. S. 50) findet sich auch eine Filiale, wo man die kostbaren Stücke sogar bis 23 Uhr bekommen kann. Weitere Filialen: Rua Ivens, 52/4, Avenida 25 de Abril, 475, Avenida da Igreja, 4 F.

Schmuck

Ourivesaria Sarmento (J 7)
Rua do Ouro, 251
Mo–Fr 9.30–13, 15–19,
Sa 9.30–13 Uhr
Bus: 11, 13, 25 A, 81
In der Baixa, in der Straße des Goldes, finden sich noch viele Juweliere. Die Straßen des Viertels wurden nach den Handwerken benannt, die dort vornehmlich ansässig waren. Sarmento ist eines der ältesten Schmuckgeschäfte mit einer langen Tradition.

Ourivesaria Silva (H 7)
Praça Luís de Camões, 40
Mo–Fr 9.30–13, 15–19,
Sa 9–13 Uhr
Tram: 28
Bus: 58, 100
Bekannter Juwelier mit altem Schmuck sowie Einzelstücken.

Shopping

Shopping-Center

Amoreiras Shopping-Center de Lisboa (E 4)
Avenida Engenheiro Duarte Pacheco
Tgl. 10–23 Uhr
Bus: 58, 74
Verächtlich beschrieb schon Hans Magnus Enzensberger das postmoderne Ungetüm. Es war der erste der großen Konsumtempel der Stadt. Allein, die Lissabonner mögen es, scheinen es am Wochenende gar dem Strand vorzuziehen, den gibt es ja schon länger. Läden aller Art, Restaurants und zehn Kinos erwarten den Besucher.

Centro Comercial Colombo (nördlich D 1)
Benfica
Tgl. 10–23 Uhr
Metro: Colégio Militar
Bus: 3, 64, 65, 66
Das größte Einkaufszentrum der Iberischen Halbinsel und eines der größten Europas war ursprünglich noch ein Drittel größer geplant, was aber von der Stadt verhindert wurde. Erst im September 1997 eröffnet, bietet es neben den unzähligen Geschäften auch ein großes Freizeitprogramm mit Kino, Schwimmbad und Restaurants. Dank der U-Bahnstation ist es ein

Kaffeeladen im Bairro Alto

großer kommerzieller Erfolg, die kleinen Läden in der nahen Umgebung haben jedoch spürbar darunter zu leiden.

Süßigkeiten, Lebensmittel, Wein

Süßes kauft man am besten in einem der zahlreichen Cafés (s. S. 41 ff.), z. B. in der Baixa in der Rua da Prata, 242 im **Lua del Mel.** Schon das von Kuchen und Keksen und kitschig-fröhlichen Torten überquellende Schaufenster läßt

figurbewußte Menschen erzittern. Und hübsch verpackt und verschnürt werden die Leckereien auch noch.

Casa Pereira Conceição (J 6)
Rua Augusta, 104
Mo–Sa 9.30–13, 15–19 Uhr
Metro: Rossio
Bus: 31, 36, 41
Wer Kaffee, Schokolade oder Tee in allen Varianten kennenlernen möchte, ist hier am richtigen Ort. Umgeben vom Duft gemahlenen Kaffees kann man sich auch Kaffeemühlen und Kaffeegeschirr anschauen.

Instituto do Vinho do Porto (H 6)
Rua de São Pedro de Alcântara, 45
Mo–Sa 10–20 Uhr
Bus: 58, 100
Mehr als 300 Sorten Portwein kann man hier probieren und kaufen. Für Freunde dieses Getränks ist der Besuch fast schon ein Muß. Das Personal erklärt, für welche Gelegenheit sich ein roter oder weißer Portwein anbietet, ob man ihn vor oder nach dem Essen trinkt, was ein Vintage ist und welche Gläser sich am besten eignen. Und ganz allmählich wird man zum Experten.

Sakoni (J 5)
Centro Comercial da Mouraria, Laden 230
Avenida Almirante Reis
Tgl. 9–20 Uhr
Bus: 40, 45
Ist man in Lissabon auf den Geschmack der Küche Indiens bzw. Goas gekommen, kann man sich hier sogleich mit den notwendigen Zutaten eindecken. Zudem werden noch Süßigkeiten und verschiedene Schönheitsprodukte angeboten.

🍸 **Nightlife**

Lissabonner Nächte sind lang. Das Leben in den Bars und Diskotheken beginnt gegen 23 Uhr und geht bis in die frühen Morgenstunden. Im Bairro Alto, auf der Rua 24 de Julho und am Tejo-Ufer in Alcântara ist am meisten los. Auch wenn die Moden schnell wechseln, einige Klassiker der Nacht wird es noch lange geben. Viele Großdiskotheken bieten gleichzeitig auch Restaurant und Bar. Eine Bar sollte man nicht mit einem Nachtklub gleichsetzen, die Lissabonner Bars sind vielmehr Kneipen mit gehobeneren Preisen. Ihre Klientel bestimmen die Diskotheken selbst. Dafür sind die Türsteher zuständig, die von unerwünschten Gästen einen extrem hohen Mindestkonsum fordern oder ihnen den Eintritt schlichtweg verweigern. Manch ein Besucher wird sich fragen, wie sich das junge Publikum die Preise in den Diskotheken leisten kann. Aber die meisten Jugendlichen begnügen sich mit einem Bier oder Wasser, das Ausgehen an sich ist wichtiger als die Getränke. Nach dem Essen trinkt man traditionell in Portugal ohnehin fast nichts mehr.

In diesem ganz feinen und neuen Lissabon haben sich auch noch einige Tascas erhalten. Diese schlichten Lokale mit oft spärlicher Einrichtung sind typische Stammlokale der Lissabonner, die sich seit Ewigkeiten kennen und in *ihrer* Tasca treffen. Für wenige Escudos wird hier Wein getrunken, gegessen und Domino gespielt. Das Essen ist meist sehr einfach.

Bars, Kneipen und Tascas

Bar & Co (H 8)
Cais do Sodré
Mo–Sa 12–4 Uhr, So geschl.
Bus: 1, 2, 7, 35, 44, 45, 58, 82, 83, 107
Das Schiff als Bar. Auf den sanften Wellen des Tejo trifft sich junges Publikum zu fetziger Rockmusik.

Blues Café (D 8)
Rua da Cintura do Porto de Lisboa, Edifício 226
Tgl. 18–4 Uhr
Tram: 15, 18
Bus: 14, 20, 22, 32, 38, 43
Einer der schönsten unter den neuen Treffpunkten am Tejo, auch weil er sich den Moden verweigert. Während der Woche hört man vor allem Blues, später in der Nacht auch andere Rhythmen. Das Restaurant im zweiten Stock bietet Küche aus New Orleans.

British Bar (H 7)
Rua Bernardino Costa, 52
Mo–Fr 7.30–23, Sa 8–19 Uhr, So geschl.
Bus: 1, 2, 7, 35, 44, 45, 58, 82, 83, 107
Seit 1918 besteht diese ruhige und sympathische Bar. Und sie hat eine Uhr, die rückwärts geht. Wer Lust auf ein Guinness verspürt, ist hier richtig. Die Einrichtung ist schlicht,

Beliebter Treff nicht nur für Blues-Fans: das Blues Café am Tejo-Ufer

die Preise sind das einzige, was mit der Zeit Schritt gehalten hat.

Cais S (C 8)
Doca de Santo Amaro,
Armazem 1
Tgl. 11–4 Uhr
Tram 15, 18
Bus: 14, 20, 22, 32, 38, 43
Eine der zahlreichen neuen Bars am Tejo, mit skurriler Dekoration aus überdimensionalen Insekten. Fungiert auch noch als Shop für Surfer und als Fahrradverleih.

Chapitô (J 6)
Rua Costa do Castelo, 1–7
Mo–Sa 20–2 Uhr, So geschl.
Tram: 28
Eine der schönsten Terrassen der Stadt, unterhalb des Castelo de Saõ Jorge gelegen; ein Restaurant ist angeschlossen. Hier trifft man auf Feuerschlucker und Jongleure, denn das Chapitô beherbergt eine von zwei europäischen Schulen für Clowns.

Gringo's Café (E 8)
Avenida 24 de Julho, 116–118
Mo–Sa 20.30–1 Uhr, So geschl.
Tram: 15, 18
Bus: 14, 28, 32, 43

Hier treffen sich die Harley-Davidson-Fans. Und eines dieser Motorräder findet sich im Innern. Nachts immer brechend voll, die offiziellen Öffnungszeiten scheint keiner ernst zu nehmen.

João do Grão (J 6)
Rua dos Correeiros, 220
Tgl. 8.30–16, 18–23 Uhr
Metro: Rossio
Bus: 31, 36, 41
Diese traditionelle Kneipe in der Baixa hat bis heute nichts von ihrer Beliebtheit verloren. Man kann auch preiswert essen.

Pabe (G 4)
Rua Duque de Palmela, 27 A
Tgl. 11–2 Uhr
Bus: 6, 9, 74
Ein dezentes Pub-Restaurant, in dem sich ein etwas feineres Publikum trifft. Die Lautstärke wird durch Teppiche erholsam gedämpft.

Pavilhão Chinês (H 6)
Rua Dom Pedro V, 89
Tgl. 11–2 Uhr
Bus: 58, 100
Diese kuriose Bar im Bairro Alto hat alle Moden überstanden. Tau-

sende von Miniaturen, von Bleisoldaten bis zu Flugzeugen, gibt es in den Nischen und Vitrinen zu entdecken.

Solar do Vinho do Porto (H 6)

Rua São Pedro de Alcântara, 45
Mo–Fr 10–24, Sa 11–24 Uhr,
So geschl.
Bus: 58, 100
Ganz dem Portwein gewidmet. Hier kann man Hunderte verschiedener Sorten probieren und auch erwerben. Ruhige Atmosphäre, gut, um den Abend weiß und trocken zu beginnen oder rot und süß ausklingen zu lassen.

A Tasquinha (K 6)

Largo do Contador Mor, 5
Mo–Sa 12–15.30, 20–1.30 Uhr,
So geschl.
Tram: 28
Schon sehr lange gibt es diese Tasca in der Alfama, in der gute und preisgünstige Tagesgerichte serviert werden.

Tertúlia (H 6)

Rua do Diário de Notícias, 60
Mo–Sa 19–2 Uhr, So geschl.
Bus: 58, 100
Ruhiges Lokal mit dem angenehmen Ambiente einer Studentenkneipe. Dezente Jazzmusik für Verächter dröhnender Diskorhythmen.

Diskotheken

Alcântara Mar (C 8)

Rua da Cozinha Económica, 11
Mi–So 23–6 Uhr, Mo/Di geschl.
Tram: 15, 18
Bus: 14, 20, 22, 32, 38, 43
Das Alcântara Mar war die erste Megadisko der Hauptstadt und ist ohne Zweifel eine der ersten Adressen des Lissabonner Nachtlebens. Wer etwas auf sich hält, ist hier zu finden. Dazu gibt es noch ein postmodern eingerichtetes Café. Und natürlich kommt man erst spät.

Coconuts (Nebenkarte Cascais)

Avenida Rei Humberto II de Itália, 7
Cascais
Tgl. 23–4 Uhr
Vor den Toren der Stadt. Jeden Mi ist das Coconuts den Frauen vorbehalten, dann lassen Männer auf der Bühne die Hüllen fallen. Da das Gekreische groß und der Raum voll ist, muß wohl was dran sein.

Frágil (H 6)

Rua da Atalaia, 126
Mo–Sa 23–4 Uhr, So geschl.
Bus: 58, 100
Hier fing alles an. Szene-Treffpunkt von Journalisten, Schriftstellern und Schauspielern. Der Klassiker im Bairro Alto wurde häufig totgesagt, ist aber immer wieder auferstanden – stets im neuen Outfit.

Indochina (D 8)

Rua da Cintura do Porto de Lisboa, Armazém H
Mo–Sa 18–4 Uhr, So geschl.
Tram: 15, 18
Bus: 14, 20, 22, 32, 38, 43
Der Name ist Programm in dieser neuen Megadisko mit Bar und Restaurant. Und so finden sich hier als Dekoration Buddhas, Figuren aus Thailand und Mao-Poster.

Kapital (G 7)

Avenida 24 de Julho, 68
Tgl. 22.30–4 Uhr
Tram: 15, 18
Bus: 14, 28, 32, 43
Hier tanzt im Untergeschoß auf gläsernem Boden, wer sich zum Jet-set rechnet. Außergewöhnliche Einrichtung, hell und elegant. Über

der Tanzfläche befinden sich noch zwei Etagen mit Bars und großer Terrasse. Aber am Türsteher muß man erst einmal vorbeikommen ...

Kremlin (F 7)

Rua Escadinhas da Praia, 5
Di/Do–Sa 2–7 Uhr,
So/Mo/Mi geschl.
Bus: 27, 40, 49, 60
Gewiß eine der besten Diskotheken Portugals. Getanzt wid auch in einem Teil eines alten Klosters, den man gesehen haben sollte. Das Publikum ist zwischen 20 und 30 Jahre alt; vorwiegend wird Techno und Acid gespielt.

Lontra (G 6)

Rua de São Bento, 157
Tgl. 23–4 Uhr
Bus: 6, 49
Eine der bekanntesten afrikanischen Diskotheken. Gäste fast aller Altersgruppen. Nach Mitternacht gibt es oft Live-Musik. Auch wenn Kenner behaupten, renoviert und mit jüngerem Publikum sei es nicht mehr so wie früher, ein Erfolg ist es noch immer.

Ritz Clube (H 5)

Rua da Glória, 57
Mo–Sa 22–4 Uhr, So geschl.
Bus: 1, 2, 9, 11, 31, 32, 36, 41, 44, 45, 46, 83, 90
Das ehemalige Kabarett gilt als eine Art Ball der einsamen Herzen. Nach Mitternacht spielen hier afrikanische Bands oder Jazzgruppen.

Salsa Latina (D 8)

Gare Marítima de Alcântara
Mo–Sa 18–5 Uhr
Tram: 15, 18
Bus: 14, 20, 22, 32, 38, 43
Wer es schafft, den Türsteher zu passieren, befindet sich in einer der beliebtesten Diskotheken. Getanzt wird zu lateinamerikanischen Rhythmen: natürlich Salsa und zu brasilianischer Musik. Zum Ausruhen bietet sich die wunderbare Terrasse an.

In den Lissabonner Diskotheken wird bis in den frühen Morgen hinein getanzt

Live-Unterhaltung an den Docas

T-Clube (Nebenkarte Belém)
Edifício Espelho d'Agua
Avenida Brasília
Tgl. 23–4 Uhr
Tram: 15
Bus: 29, 43
Böse Zungen behaupten, dies sei der Treff der *tias*, der gut situierten Damen um die 40. Und wer nicht schick und/oder betucht ist, wird sich nicht ganz zu Hause fühlen. Die Lage in Belém spricht jedoch für sich. Der T-Clube ist direkt am Tejo beim Denkmal der Entdeckungen inmitten eines kleinen Sees gelegen. Die Abendstimmung lohnt auch außerhalb des Klubs.

Docas: Ideal zum Draußensitzen (C 8)

Jahrzehntelang waren die Lissabonner durch Eisenbahngleise und Container von *ihrem* Tejo getrennt, das Flußufer mehr oder weniger verkommen. Erst als ein Bebauungsplan vorsah, dort Bürohäuser und Firmen anzusiedeln, wurde man wieder auf diese Zone aufmerksam. Wahre Proteststürme rauschten durch den Blätterwald, und ein neues Konzept wurde erstellt.

Seit 1996 haben die Einwohner nun ihren Tejo wieder. Allein im Bereich der Doca de Santo Amaro in Alcântara, fast unter der Ponte 25 de Abril, öffneten über 30 neue Bars in ehemaligen Speichern oder Häusern der Hafenverwaltung. Zu Tausenden pilgern nun die Lissabonner zu der neuen Amüsiermeile mit einem enormen gastronomischen Angebot. Schon am Nachmittag beleben sich die Cafés im Freien am kleinen Jachthafen, die sich dann am Abend in Restaurants und Bars verwandeln (Adressen s. unter Restaurants, S. 33 ff., Bars, S. 52 ff. und Diskotheken, S. 54 ff.). Auch tagsüber werden Fluß und Ufer rege genutzt, Jogger, Angler und Radfahrer tummeln sich dort, und sollte das gesamte Ufer wie geplant von Belém bis zum Weltausstellungs-Gelände neu gestaltet werden, verfügt Lissabon endlich auch über ein der portugiesischen Hauptstadt angemessenes Freizeitangebot.

Gays and Lesbians

Finalmente (G 6)
Rua da Palmeira, 38 C
Tgl. 20–4 Uhr
Bus: 6, 49
Bietet eine Transvestitenshow.

Kings and Queens (D 8)
Rua da Cintura do Porto de
Lisboa, Armazém H
Tgl. 20–4 Uhr
Tram: 15, 18
Bus: 14, 20, 22, 32, 38, 43
Diese Diskothek wird von Homose-
xuellen gerne frequentiert. Eine
Lissabonner Zeitung meinte, das
Schwierigste sei zu unterscheiden,
ob Mann oder Frau.

Trumps (G 5)
Rua da Imprensa Nacional, 104 B
Tgl. 23–4 Uhr
Bus: 6, 49
Das Trumps ist Treff der Berühmt-
heiten aus der Schwulenszene.
Ständig wechselnde Dekoratio-
nen.

Jazz

Hot Clube de Portugal (H 5)
Praça da Alegria, 39
Di–Sa 22–2 Uhr, So/Mo geschl.
Bus: 1, 2, 9, 11, 31, 32, 36, 41,
44, 45, 46, 83, 90
Der Jazzkeller der Stadt. Das Ambiente wirkt etwas überaltert, eng
ist es auch, aber die Musiker sind
meist sehr gut, und die Gäste
scheinen sich alle schon lange zu
kennen.

Speakeasy (E 8)
Cais da Rocha do Conde de
Óbidos
Mo–Sa 19–3 Uhr, So geschl.
Tram: 15
Bus: 14, 28, 32, 43

Mit dem Speakeasy hat der Hot
Clube ernsthafte Konkurrenz bekommen. Es ist in einem ehemaligen Speicher untergebracht, bestens eingerichtet und liegt im
Zentrum des Nachtlebens. Kaum
mehr als 150 Personen passen in
den Klub, für Jazzkonzerte genau
die richtige Größe.

Live-Musik

Pé sujo (K 7)
Largo de São Martinho, 6–7
Di–So 22–2 Uhr, Mo geschl.
Tram: 28
Jeden Tag Live-Musik. Diese brasi-
lianische Bar hat sich vor allem
lateinamerikanischen Rhythmen
verschrieben. Die Einrichtung ist
etwas renovierungsbedürftig, aber
Caipirinha und die mitreißende
Musik lassen dies schnell verges-
sen.

Xafarix (G 7)
Avenida Dom Carlos I, 69
Tgl. 23–3 Uhr
Bus: 6, 13, 49
Mitbesitzer dieser Bar war Luís Re-
presas, Mitglied von Trovante,
einst eine der bekanntesten portu-
giesischen Gruppen. Jede Nacht
ab 1 Uhr spielen verschiedene
Live-Bands.

Rock

Johnny Guitar (G 7)
Calçada do Marquês
de Abrantes, 72
Mo–Do 23–3, Fr–Sa 24–4 Uhr,
So geschl.
Tram: 15
Bus: 14, 28, 32, 43
Hier finden fast jeden Abend Rock-
konzerte ausländischer und einhei-
mischer Bands statt.

Kunst in der Fußgängerzone

In der Touristeninformation an der Praça dos Restauradores (s. S. 16) erhält man kostenlos den Veranstaltungskalender »Agenda cultural«, der monatlich über (fast) alle kulturellen Aktivitäten in Lissabon informiert (s. S. 12). In englischer Sprache gibt es dort auch das alle zwei Wochen erscheinende Programmheft »Follow me«.

Goethe-Institut (J 5)
Campo dos Mártires da Pátria, 36
Tel. 218 82 45 10
Aug. geschl.
Bus: 33
Oft in Zusammenarbeit mit portugiesischen Einrichtungen wird hier ein vielfältiges Kulturprogramm auf die Beine gestellt: Musik, Ausstellungen, Vorträge, Konferenzen. Schönes Haus mit beliebtem Restaurant. In der Bibliothek liegen deutsche Zeitungen aus.

Kartenvorverkauf

Viele Hotels, vor allem die größeren, kümmern sich um Reservierungen und Kartenvorbestellungen. Im Zentrum gibt es die Vorverkaufsstellen der **Agência de Bilhetes para Espectáculos Públicos (ABEP),** wo man sich über das Kulturprogramm informieren kann:

Theater
Avenida da Liberdade, 140 (H 5)
Tel. 213 42 53 60
Mo–Sa 9–21.45, So 10–19 Uhr
Metro: Avenida
Bus: 1, 2, 9, 11, 31, 32, 36, 41, 44, 45, 46, 83, 90
und
Parque Mayer (H 5)
Tel. 213 42 75 24
Metro: Avenida
Bus: 1, 2, 9, 11, 31, 32, 36, 41, 44, 45, 46, 83, 90

Kino, Rockkonzerte, Fußball
Praça dos Restauradores (H 6), nähe Hauptpost
Tel. 213 47 58 23, 213 47 25 94
Metro: Restauradores
Bus: 1, 2, 9, 11, 31, 32, 36, 41, 44, 45, 46, 83, 90

Tele Cartaz
Tel. 213 85 44 19
Per Telefon kann man sich über Veranstaltungen informieren und auch gleich Karten bestellen, die gegen Aufpreis nach Hause oder ins Hotel geliefert werden.

Feiertage in Lissabon

1. Januar Neujahr
Karfreitag
25. April Sturz der Diktatur 1974 (Dia da Liberdade)
1. Mai Tag der Arbeit
Fronleichnam
10. Juni Todestag des Dichters Camões 1580 (Dia de Portugal)
13. Juni Tag des hl. Antonius (Dia do Santo António)

15. August Mariä Himmelfahrt
5. Oktober Tag der Republik (Dia da República)
1. November Allerheiligen
1. Dezember Befreiung von der spanischen Herrschaft 1640 (Dia da Restauração)
5. Dezember Unbefleckte Empfängnis
25. Dezember Weihnachten

Feste und Festivals

Procissão do Senhor dos Passos da Graça (6. März): Die Prozession führt durch die engen Straßen des Altstadtviertels Graça. Noch Ende des 19. Jh. gingen bei der aus dem 16. Jh. stammenden Prozession die Frauen barfuß und verschleiert. Auf dem Weg wurden Stationen des Leidensweges Jesu nachgestellt.

Dia da Liberdade (25. April): Am portugiesischen Nationalfeiertag wird mit einem großen Umzug auf der Avenida da Liberdade der Nelkenrevolution gedacht, mit der am 25. April 1974 über 40 Jahre Diktatur beendet wurden.

Feira do Livro (Ende Mai/Anfang Juni): Im Parque Eduardo VII findet die mehrtägige Buchmesse unter freiem Himmel statt. Ein buntes Treiben, bei dem nicht nur preiswert eingekauft wird, sondern auch fleißig Autogramme gesammelt werden.

Festas dos Santos Popolares (12.–29. Juni): Überall in Lissabon, vor allem in der Innenstadt und den alten Vierteln Graça, Mouraria

und Alfama, feiert man den Monat der Volksheiligen. In der Nacht vom 12. auf den 13. ist das Fest des Stadtheiligen, des hl. Antonius. Das ursprünglich religiöse Fest beging man erstmals nach dem Erdbeben von 1755, bei dem die Igreja de Santo António stark beschädigt wurde. Daher kommt auch die Tradition, ein wenig Geld im Namen der Heiligen zu erbetteln. Bald schon wurden die Feierlichkeiten immer weiter ausgedehnt, Johannes (São João) und Petrus (São Pedro) wurden einbezogen. Bei reichlich Musik, Rotwein und Sardinen ist die ganze Stadt auf den Beinen. Seit 1932 gibt es Trachtenumzüge, die über die Avenida da Liberdade führen.

Festa de São Pedro in Montijo (25. Juni–1. Juli): Ein Fest der Fischer auf der Südseite des Tejo. Die Fischer segnen ihre Boote, Sardinen werden gegrillt und Stiere durch die Straßen getrieben.

Festas do Barrete e das Salinas in Alcochete (2. So im Aug.): Über die neue Brücke Vasco da Gama ist der Weg zur anderen Flußseite kurz geworden. Das Fest wird ähnlich wie bei den Fischern vom Montijo (s. o.) begangen. In Alcochete findet zudem eine Prozession entlang des Flusses statt, bei der die Senhora da Vida mitgeführt wird, um die Salinen zu segnen. Wie im Ribatejo üblich, gibt es Stierläufe. Alcochete ist mit seinem schönen Tejo-Ufer auch an anderen Tagen einen Besuch wert.

Festa do Avante (1.–7. Sept.): Die Kommunistische Partei richtet auf der anderen Seite des Tejo in Seixal in der Quinta da Atalaia Portugals größtes Volksfest aus. Musik, Ausstellungen und regionale Küche. Für Menschen aller Parteien.

Feira da Luz (1. So im Sept.): Bei der Metrostation Colégio Militar in Benfica findet dieser alte Markt statt. Früher wurde hier mit Vieh gehandelt und die ersten Kastanien und Spanferkel verzehrt. Heute gibt es zwar auch viele fahrende Restaurants, aber verkauft werden vor allem Möbel und Geschirr aus dem ganzen Land.

Musikfestivals: Gerade in den Sommermonaten finden zahlreiche Musik- und Tanzfestivals statt, über die die örtlichen Tourismusinformationen Auskunft geben. In **Cascais** gibt es im Juni/Juli ein Jazzfestival, in **Sintra** sind Ende August die Gärten der Stadt, u. a. der Park des Hotels Palácio Seteais (s. S. 28), Veranstaltungsort für klassische Musik und Tanz. Im **Convento dos Capuchos** in Caparica (Abzweigung am Ortsende von Caparica Richtung Lissabon) findet jeden Sommer ein Musikfestival statt. Dann herrscht in dem Kloster von 1558, nach dem Erdbeben von 1755 neu errichtet, eine einmalige Stimmung. In Lissabon ist vor allem die **Gulbenkian-Stiftung** (s. S. 75) tätig: Von Oktober bis Mai wird ein vielseitiges Programm mit Tanzaufführungen, Konzerten und Orchester-Gastspielen aus aller Welt angeboten.

Kinos

Wer Englisch versteht, kann in Lissabon ins Kino gehen, denn Filme werden untertitelt, nicht synchronisiert. Über das aktuelle Programm informieren die Tageszeitungen. Mo ist der Eintritt verbilligt, aber teuer ist es ohnehin nicht (ca. 600 Esc).

Amoreiras Shopping-Center (E 4)

Tel. 213 83 12 75
Bus: 58, 74
Zehn Säle, die Filme sind dieselben wie in ganz Europa oder Amerika.

Cinemateca (G 5)

Rua Barata Salgueiro
Tel. 213 54 62 79
Bus: 1, 2, 9, 11, 31, 32, 36, 41, 44, 45, 46, 83, 90
Themenreihen und ausgewählte Filme. Eine willkommene Alternative in der rein auf Kommerz ausgerichteten Kinolandschaft.

Londres (nördlich J 1)

Avenida de Roma, 7 A
Tel. 218 40 13 13
Bus: 7, 20, 22, 33, 40
Bietet sehr gute Räumlichkeiten. Ab und zu werden etwas anspruchsvollere Filme gezeigt.

Monumental (H 2)

Avenida Praia da Vitória/
Praça Duque de Saldanha
Tel. 213 53 18 59
Metro: Saldanha
Bus: 1, 36, 38, 44, 45, 49, 83, 90, 101
Vier Säle. Oft portugiesische Filme.

Oper

Teatro Nacional São Carlos (H 7)

Rua Serpa Pinto, 9
Tel. 213 46 59 14
Tram: 28
Bus: 58, 100
Eine große Tradition hat die Oper in Portugal nicht. Hier werden vor allem ausländische Inszenierungen gegeben.

Theater und klassische Konzerte

Centro Cultural de Belém (Nebenkarte Belém)

Praça do Império
Tel. 213 01 24 00
Tram: 15
Bus: 29, 43
Hier finden neben Ausstellungen regelmäßig Konzerte und Theateraufführungen statt. Nach den anfänglichen Polemiken ist das CCB inzwischen eine feste Größe im Kulturleben der Stadt (s. S. 68f.).

Culturgest (H 1)

Edifício Sede da Caixa Geral de Depósitos
Rua Arco do Cego
Tel. 217 95 30 00
Metro: Campo Pequeno
Bus: 47, 54, 108
Revuen, Ausstellungen, Konzerte. Mittlerweile gehört dieses architektonische Unglück zu den wichtigsten Veranstaltungsorten.

Grande Auditório (G 2)

Fundação Calouste Gulbenkian
Avenida de Berna, 45
Tel. 217 93 51 31
Bus: 16, 26, 31, 41, 46, 56
Im Großen Auditorium des Fundação Calouste Gulbenkian, einer der größten privaten Kulturstiftungen der Welt (s. S. 75), finden regelmäßig klassische Konzerte statt. Die Stiftung hat auch ein eigenes Orchester.

Teatro Aberto (F 2)

Praça de Espanha
Tel. 217 97 09 69
Bus: 16, 26, 56
Hier werden oft Stücke deutschsprachiger Autoren von Brecht bis Heiner Müller und Tankred Dorst gegeben. Sorgfältige Inszenierungen, die Stücke sind allerdings alle auf Portugiesisch.

Teatro O Bando (E 6)

Sala Estrela 60
Rua de Santo António à Estrela, 60
Tel. 213 95 32 89
Tram: 25, 28
Bus: 20, 22, 38
Eine der führenden freien Theatergruppen des Landes. Wenn der kleine Saal zu eng wird, trifft man sie in ganz Europa auf Theaterfestivals.

Teatro da Cornucópia (G 5)

Rua Tenente Raul Cascais, 1 A
Tel. 213 96 15 15
Bus: 58, 100
Portugals künstlerisch anspruchsvollstes Haus. Hier führt Luís Miguel Cintra Regie und steht auch selbst auf der Bühne. Kinobesuchern ist er als Schauspieler aus den Filmen von Manuel de Oliveira bekannt.

Teatro Nacional Dona Maria II (J 6)

Praça Dom Pedro IV
Tel. 213 47 22 46
Metro: Rossio
Bus: 31, 36, 41
Im Nationaltheater am Rossio kann man des öfteren Eunice Munoz sehen, die heute als eine der

Fado und *saudade*

Im Fado, so sagt man, findet die Schwermut der portugiesischen Seele ihren Ausdruck. Die Lieder handeln von unerwiderter Liebe, hoffnungsloser Sehnsucht *(saudade)* und der alltäglichen Misere in der Mouraria oder der Alfama. Der Fado stammt ursprünglich aus Brasilien und kam mit der Rückkehr des portugiesischen Königshofs 1823 von dort nach Portugal. Erst Ende der 20er Jahre des 20. Jh. entwickelte sich der Lissabonner Fado in den ärmeren Vierteln so, wie wir ihn heute noch hören können. In den Straßen der Alfama begann die Karriere der inzwischen zur Legende gewordenen Fado-Sängerin Amália Rodrigues, deren Erbe andere Sänger angetreten haben. Vor allem die Sängerin Dulce Pontes erlangte internationale Berühmtheit.

besten Darstellerinnen des Landes gilt.

Traditioneller Fado

Cabacinha (K 7)
Largo do Limoeiro
Tel. 218 86 30 85
Fr–So 19–3 Uhr
Tram: 28
Nur am Wochenende hat dieses Haus geöffnet. Die Atmosphäre ist familiär, die Gäste scheinen sich schon lange zu kennen. Die Refrains der Lieder werden leise mitgesungen. Die ganz eigene Atmosphäre zog schon Kamerateams an – wie lange sie noch erhalten bleibt, weiß niemand.

Parreirinha de Alfama (L 6)
Beco do Espírito Santo, 1
Tel. 218 86 82 09
Mo–Sa 20–2 Uhr, So geschl.
Tram: 28
Hier hört man typischen Fado. Das Lokal ist auf Touristen eingestellt, das Essen ist gut, aber nicht gerade billig.

Senhor Vinho (F 7)
Rua do Meio à Lapa, 18
Tel. 213 97 26 81
Mo–Sa 20.30–3.30 Uhr,
So geschl., Musik ab 22 Uhr
Bus: 13, 27
Bekanntes Fado-Haus mit hervorragenden Interpreten und gutem Essen. Für einen Abend muß man pro Person mit ca. 6000 Esc rechnen.

Velho Páteo de Santana (H 4)
Rua Dr. Almeida Amaral, 6
Tel. 213 52 37 25
Mo–Sa 21–2 Uhr, So geschl.,
Küche bis 24 Uhr
Metro: Marquês de Pombal
Bus: 48, 101
Der Besitzer dieses Lokals mit Innenhof ist selbst Fado-Sänger. Wer singen kann und den nötigen Mut aufbringt, dem steht die Bühne offen.

Die CDs und Kassetten mit der Stimme der legendären Amália Rodrigues sind nach wie vor beliebt

Veranstaltungsorte

Centro Cultural de Belém (Nebenkarte Belém)
(s. S. 61)

Coliseu (J 5)
Rua das Portas de Santo Antão
Tel. 213 43 16 77
Metro: Restauradores/Rossio
Bus: 1, 2, 9, 11, 31, 32, 36, 41, 44, 45, 46, 83, 90
Einer der größten Veranstaltungsräume Lissabons – von Operngastspiel bis Rockkonzert wird hier alles gegeben. Doch läßt die Akustik zu wünschen übrig. Seit seiner Renovierung anläßlich der Wahl Lissabons zur Kulturhauptstadt Europas ist es wieder ein vielbespielter Ort. Großer Plattenladen.

Culturgest (H 1)
(s. S. 61)

Grande Auditório (G 2)
(s. S. 61)

Praça de Touros (H 1)
Campo Pequeno
Tel. 217 93 66 01
Metro: Campo Pequeno
Bus: 47, 54, 108
In der Stierkampfarena finden diese tristen Spektakel immer seltener und oft unter Protest von Tierfreunden statt. Ansonsten: Auftritte von Gruppen.

Sporting Clube de Portugal (nördlich H 1)
Estádio José Avalade
Rua Francisco Stromp
Tel. 217 58 90 21
Metro: Campo Grande
Bus: 3, 102, 106
Sportliche Erfolge hatte Sporting Lissabon (s. S. 65) in den letzten Jahren eher selten aufzuweisen, seitdem steht das Stadion auch für musikalische Großereignisse wie Auftritte von U 2, Sting oder Bruce Springsteen und anderen nationalen und internationalen Stars zur Verfügung.

Fitness-Center

Große Hotels wie das Alfa oder Sheraton (s. S. 27) haben Health Clubs, die auch Nicht-Gäste gegen Gebühr benutzen können. In der Stadt gibt es Fitness-Studios mit diversen Sportangeboten.

Olaias Club (L 1)
Rua Robal Gouveia
Tel. 218 40 71 30
Bus: 40, 56
Schwimmen, Tennis, Squash und Gymnastik; mit Restaurant. Hinter dem Centro Comercial de Olaias im Osten der Stadt gelegen.

Golf

Club Golf Aroeira
Herdade da Aroeira
Fonte da Telha
Tel. 212 97 13 14
18-Loch, Klubhaus, Bar und Restaurant auf der Südseite des Tejo. Für Nicht-Mitglieder ca. 6500 Esc.

Quinta da Penha Longa
Lagoa Azul
Sintra-Colares
Tel. 219 24 03 20
18-Loch-Platz, ca. 8000 Esc.

Joggen

Besonders am Ufer des Tejo, in Höhe des Torre de Belém, kann man inzwischen immer mehr Jogger sehen. Ideal zum Joggen geeignet ist auch der Strand von Costa da Caparica oder das Estadio Nacional in Cruz Quebrada (s. u.).

Strände

Wer schwimmen möchte, dem steht an der Costa da Caparica auf der anderen Seite des Tejo ein kilometerlanger Sandstrand zur Verfügung. Nicht alle Stellen der Küste eignen sich für ein Bad im Meer, da der Atlantik mit hohem Wellengang und starken Strömungen mitunter zum Baden zu gefährlich ist. Rote Fahnen an bewachten Stränden signalisieren Badeverbot.

Surfer zieht es an die Strände der Costa do Estoril. Für Anfänger geeignet ist die Praia de Carcavelos zwischen Lissabon und Cascais. Mehr Erfahrung und Geschick erfodet die Praia do Guincho.

Tennis

Estadio Nacional
Cruz Quebrada
Tel. 214 15 13 56
Preiswert. Viele Hart- und Sandplätze. Leider kann man keine Reservierungen im voraus machen. Man muß vor Ort buchen und deshalb manchmal Wartezeiten in Kauf nehmen. s. auch Olaias Club.

Fußballstadien

An Fußballstadien herrscht in Lissabon kein Mangel. Als ordentlicher Hauptstadtbewohner ist man entweder für Benfica oder den Erzrivalen Sporting. Mindestens einmal pro Woche (meist So) kann man ein Spiel von einem der Vereine besuchen. In den Stadien geht es bei Top-Spielen zwar laut und begeistert, aber fast immer friedlich zu.

Sport Lisboa e Benfica (nördlich C 1)

Estádio da Luz
Avenida General Norton Matos
Metro: Colégio Militar
Bus: 3, 64, 65, 66
Der Verein Portugals mit der längsten Tradition, den meisten Titeln und dem größten Stadion. Wenn nur in den letzten Jahren nicht immer der FC Porto Meister würde.

Sporting Clube de Portugal (nördlich H 1)

Estádio José Avalade
Rua Francisco Stromp
Metro: Campo Grande
Bus: 3, 102, 106
Wenig sportliche Erfolge in den letzten Jahren, aber treue Fans. Wenn Sporting spielt, ist die ganze Gegend rund um das Stadion in grün-weiße Farben getaucht.

Unternehmungen mit Kindern

Stadtbesuche mit Kindern sind immer etwas anstrengend, auch Lissabon bildet da keine Ausnahme. Der nahegelegene Strand von Caparica, der Lissabonner Zoo, Fahrten mit der Straßenbahn und anderes mehr können den Aufenthalt jedoch auch für kleine Touristen spannend machen.

Feira Popular (nördlich H 1)

Avenida da República
Tel. 217 96 21 08

Surfer an der Praia do Guincho

Mo–Fr 19–2, Sa/So 15–2 Uhr
Metro: Entre Campos
Bus: 1, 27, 32, 36, 38, 44, 45, 49, 83, 90, 101
Hier ist das ganze Jahr über Kirmes. Außerdem gibt es Musik und Restaurants, um einen vergnüglichen Tag zu verbringen.

Jardim Zoológico de Lisboa (D 1)

Estrada de Benfica, 158
15. Feb.–31. März 9–18 Uhr,
1. April–30. Sept. 9–20 Uhr
Metro: Jardim Zoológico
Bus: 55, 16 C
Delphine sind die Attraktion, aber auch alle anderen Wildtiere sind vertreten. Eigener Spielbereich.

Museu das Crianças (Nebenkarte Belém)

Praça do Império
Tel. 213 62 28 28
Di–So 10–18 Uhr
Tram: 15
Bus: 29, 43
Dieses didaktische Museum ist im Museu da Marinha in Belém untergebracht.

Stadtviertel

Alfama, Burg und Mouraria

Das Burgviertel, die Mouraria (Extra-Tour 5, s. S. 92 f.) und die Alfama sind die ältesten Stadtviertel Lissabons. Vom Castelo de São Jorge (s. S. 68) bietet sich ein wunderbarer Blick über die Stadt. Obwohl die Gegend um das Kastell ganz auf Tourismus eingestellt ist, konnte sie sich ihren Charme bewahren. Alfama und Mouraria haben das Erdbeben von 1755 recht unbeschadet überstanden und lassen noch den arabischen Einfluß erkennen. Die Mouraria, die stets auch als ein etwas anrüchiges Viertel galt, wird von wesentlich weniger Touristen besucht.

In der Alfama kann man sich wunderbar treiben lassen. Hier benötigt man keinen Stadtplan, denn das Verlaufen in den engen Gassen und Treppenstiegen ist ein Vergnügen. Es ist ohnehin kein Problem, sich in Lissabon zu orientieren. Denn unversehens kommt man wieder auf einen erhöhten Punkt der hügeligen Stadt, von wo aus man auf den Tejo und die umliegenden markanten Sehenswürdigkeiten wie die Sé und das Castelo de São Jorge blicken kann.

Die Alfama ist wie ein Dorf in der Stadt. Durch die Enge der Gassen vom Autoverkehr weitgehend verschont, spielt sich das Leben vor allem am Abend auf den Straßen ab. Immer wieder kommt man an Wohnungen mit horizontal geteilten Türen vorbei, und man kann direkt ins Wohnzimmer sehen, wo die Familien beim Essen oder der obligatorischen *telenovela* sitzen. Niemand scheint sich an den Vorübergehenden zu stören. Vogelkäfige hängen in den Fenstern, Gezwitscher erfüllt die Luft, und schläfrige Hunde und Katzen liegen vor den Türen. Viele kleine Lokale laden zur Einkehr ein, und auch der Fado findet hier noch seinen ursprünglichen Rahmen.

Bairro Alto, die Oberstadt

Die Oberstadt, das Bairro Alto (Extra-Tour 3, s. S. 90 f.), ist eines der Vergnügungsviertel Lissabons. Unzählige Kneipen, Restaurants, Fado-Lokale, kleine Läden und Diskos verwandeln das tagsüber verschlafene Viertel am Abend und bis in die frühen Morgenstunden in ein pulsierendes Zentrum.

Baixa, die Unterstadt

Die Baixa ist das Geschäftsviertel Lissabons. Nach dem Erdbeben von 1755 ließ der Marquês de Pombal diesen Teil der Stadt in einem rechtwinkligen Raster mit acht Längs- und acht Querstraßen wieder aufbauen. Die Straßen sind nach den dort ehemals ansässigen Handwerkern benannt, etwa die Rua dos Sapateiros, Straße der Schuster. Die Praça do Comércio (s. S. 70), von den Lissabonnern immer noch Terreiro do Paço genannt, ist wohl einer der schönsten Plätze von Europa. Durch den Triumphbogen kommt man in die Rua Augusta, die Hauptstraße der

Travesso dos Fiéis de Deus: Im Bairro Alto findet man in einer lauen Sommernacht immer ein schönes Plätzchen im Freien

Baixa. Am oberen Ende liegt Lissabons Hauptplatz, der Rossio – offiziell Praça Dom Pedro IV –, mit der Statue des Königs.

Belém

In Belém (Extra-Tour 4, s. S. 88 f.) wird man auf Schritt und Tritt an die portugiesischen Seefahrer erinnert: durch den Turm am Ufer des Tejo (s. S. 71), das Hieronymitenkloster (s. S. 72), dessen Reichtum es den Entdeckungen der gefeierten Helden Portugals verdankt, und deren überlebensgroß in Stein gemeißelten Abbilder im Denkmal der Entdeckungen (s. S. 69). Aber nicht alles in Belém ist Vergangenheit: Auch Lissabons modernes Kulturzentrum, das Centro Cultural de Belém (s. S. 68 f.), wurde hier zwischen Kloster und Turm errichtet.

Chiado

Am 25. August 1988 brannte es im Chiado, der Verbindung zwischen Unter- und Oberstadt. Der Brand brachte den Lissabonnern die Bedeutung dieses Viertels wieder ins Bewußtsein, das um die Wende vom 19. zum 20. Jh. seine

Sternstunde hatte. Mit dem Aufbau wurde der Portuenser Stararchitekt Álvaro Siza Vieira beauftragt. Umfangreiche Materialstudien und die Konsultierung alter Pläne sollten dem Chiado sein einstiges Ansehen wiedergeben und ihn neu beleben, was auch weitgehend gelungen ist. Zwar zog die Renovierung, die noch im Gange ist, die Anhebung der Mieten und damit die Schließung einiger Geschäfte nach sich. Dennoch wird der Chiado wieder stark frequentiert, schließlich finden sich hier Theater, Carmo-Kirche (s. S. 71), das Geburtshaus Fernando Pessoas (Extra-Tour 1, s. S. 84 f.) und das Café A Brasileira (s. S. 41 f.).

Gebäude, Straßen und Plätze

Amoreiras Shopping-Center de Lisboa (E 4)

Avenida Engenheiro Duarte Pacheco
Bus: 58, 74
Den postmodernen Gebäudekomplex (s. S. 50) errichtete Architekt Tomás Taveira 1980–87. Wohnun-

gen, Büros und Einkaufszentrum expandieren allmählich bis zum Campo de Ourique. Der Konsumtempel wurde von Kritikern nicht eben freundlich aufgenommen, die Lissabonner nehmen das reichhaltige Angebot jedoch rege wahr.

Aqueduto das Águas Livres (D 3)

Campolide
Bus: 2, 13
1731 wurde dieses Aquädukt unter Dom João V begonnen, um Lissabon mit Trinkwasser zu versorgen. 60 km ist das Bauwerk lang, 109 Bögen und 64 Brunnen sind zu sehen. Kein Wunder, daß der Bau insgesamt 68 Jahre dauerte.

Avenida da Liberdade (G 4–H 5)

Rund 1,5 km lang ist diese Allee von der Praça dos Restauradores

Abenteuerlich: Fensterputzer an der postmodernen Fassade des Amoreiras Shopping-Center

bis zum Denkmal für den Marquês de Pombal. 1882 ließ der damalige Bürgermeister Rosa Araujo die 90 m breite Prachtstraße anlegen. Wenn gerade einmal nicht gebaut wird, läßt sich von den vielen Straßencafés aus das großstädtische Treiben gut beobachten.

Casa dos Bicos (K 7)

Rua dos Bacalhoeiros
Tram: 18, 25
Bus: 104, 105
Um das Jahr 1523 soll diese architektonische Besonderheit entstanden sein. Das Erdbeben von 1755 raubte dem Gebäude die beiden oberen Stockwerke. Das mit Spitzquadern versehene Haus mit schönem manuelinischen Portal wurde im 17. Jh. ›Haus der Diamanten‹ genannt, der Legende nach war es einst mit Edelsteinen besetzt.

Castelo de São Jorge (K 6)

Tgl. 8–20 Uhr
Tram: 28
Der Burghügel, auf dem schon die Phönizier siedelten, war Mittelpunkt der Stadtentwicklung Lissabons. Ein Kastell gab es dort schon zu Römerzeiten. Westgoten und Mauren nutzten die Burganlage, die im 12. Jh. mehrmals umgebaut wurde. Bis ins 16. Jh. wohnten in einem Teil die portugiesischen Könige. Die Burg ist von einer mittelalterlichen Mauer und zehn Wehrtürmen umgeben. Bei den Erdbeben von 1531 und 1755 wurden Burg und Burghügel stark beschädigt. Heute ist die Anlage sorgfältig renoviert und einer der ersten Anlaufpunkte für Touristen.

Centro Cultural de Belém (Nebenkarte Belém)

Praça do Império
Tram: 15
Bus: 29, 43

Zwischen dem Turm von Belém (s. S. 71) und dem Hieronymitenkloster (s. S. 72) steht Lissabons neues Kulturzentrum, das der damalige Ministerpräsident Cavaco Silva errichten ließ. Erbaut wurde das CCB von dem italienischen Architekten Vittorio Gregotti und seinem portugiesischen Kollegen Manuel Salgado. Geplant waren ursprünglich fünf Module, aber aus finanziellen Gründen konnten nur drei fertiggestellt werden. So mußte auf ein Hotel und ein Kongreßzentrum verzichtet werden. Da das Geld für Ankäufe von Kunstwerken für ein geplantes Museum fehlt, finden in den Räumlichkeiten – sehr sehenswerte – wechselnde Ausstellungen statt. Allen Polemiken zum Trotz ist das CCB ein vielbesuchter Ort mit einem interessanten Kulturprogramm (s. S. 61).

Lissabon besitzt viele schöne Plätze, doch die Tauben sind nicht jedermanns Sache

Padrão dos Descobrimentos (Nebenkarte Belém)

Avenida da Índia
Aussichtsplattform Di–So
9.30–18.30 Uhr, Mo geschl.
Tram: 15
Bus: 29, 43
Den Bug einer Karavelle zeigt das 1960 fertiggestellte Denkmal der Entdeckungen in Belém, das 1940 zur Ausstellung der portugiesischen Welt aus Gips erbaut und erst später aus Stein gefertigt wurde. Heinrich der Seefahrer und eine Besatzung aus Matrosen, Missionaren und Künstlern halten überlebensgroß nach neuen Welten Ausschau. Von der Aussichtsplattform, zu der man mit einem Aufzug hochfährt, hat man einen herrlichen Blick auf die Sehenswürdigkeiten von Belém und die Windrose im Boden vor dem Denkmal mit den portugiesischen Entdeckungen und Besitzungen.

Palácio do Marquês de Fronteira (C 1)

Largo de São Domingos
de Benfica, 1
Mo–Sa 10.30–12 Uhr, So geschl.
Metro: Jardim Zoológico
Bus: 16 C, 55
Der Palast aus dem 17. Jh., der sich in Privatbesitz befindet, wird z. T. noch von der Familie de Fronteira bewohnt. Besonders sehenswert sind die Gärten mit den vielen Azulejos und dem zentralen Brunnen.

Ponte 25 de Abril (südlich C 8)

Bis zum 6. August 1966 kam man von Süden her nur mit dem Schiff nach Lissabon, bis diese gewaltige Brücke mit 3222 m Länge und vier Fahrspuren eingeweiht wurde. In 70 m Höhe verbindet sie Lissabon mit Almada. Da sie für den Großstadtverkehr mit der Zeit zu klein war, wurde sie um eine Eisenbahntrasse unter der Fahrbahn erwei-

⊙ Sightseeing

Das Wahrzeichen Lissabons: der Torre de Belém

tert. Dies alles geschah, während der Verkehr rollte. Außerdem wurde nahe dem Weltausstellungsgelände 1998 die neue Brücke Vasco da Gama eingeweiht, die allerdings den Hauptstadtverkehr bisher nicht einmal um 5 % entlastet. Unübersehbar steht der **Monumento Cristo Rei** an der Zufahrt zur Ponte 25 de Abril. Die in Anlehnung an die Christusstatue bei Rio de Janeiro errichtete Monumentalstatue wurde 1959 eingeweiht – als Dank dafür, daß Portugal nicht in den Zweiten Weltkrieg verwickelt worden war. 82 m hoch ist der Sockel, die Statue mißt noch einmal 28 m. Mit einem Aufzug fährt man zur Aussichtsterrasse hoch, die einen wunderbaren Blick über Lissabon bietet.

Praça do Comércio (J 7)
Bus: 11, 13, 25 A, 81
Wegen seiner Lage am Tejo gilt er als einer der schönsten Plätze Europas. Vor dem Erdbeben von 1755 befanden sich hier der Königliche Palast und eine wertvolle Bibliothek mit den angeblichen Beweisen dafür, daß die Portugiesen Amerika entdeckt haben sollen. An der Nordseite des Platzes steht der 1755 begonnene, erst 1873 vollendete Triumphbogen (Arco Monumental da Rua Augusta), der den Eingang zur Baixa bildet. In der Mitte blickt König Dom José I über den Fluß.

Rossio (J 6)
Metro: Rossio
Bus: 31, 36, 41
Offiziell heißt der zentrale Platz Praça Dom Pedro IV, aber so kennen ihn allenfalls die Stadtplaner. Zudem soll es sich bei dem König auf dem Sockel, dem Namengeber des Platzes, um eine Nachbildung von Kaiser Maximilian von Mexiko handeln. Einst fanden auf dem Hauptplatz blutige Stierkämpfe und zu Zeiten der Inquisition öffentliche Verbrennungen, Autodafés, statt. Zu friedlicheren Zeiten verkehrten hier die Bürger Lissabons, das Café Nicola war ein berühmter Literatentreff. Momen-

tan herrscht vor allem Baulärm und vor der klassizistischen Fassade des Teatro Nacional Dona Maria II (s. S. 61) treffen sich die Rückkehrer aus den ehemaligen Kolonien.

Torre de Belém (Nebenkarte Belém)

Di–So 10–17 Uhr, Mo geschl.
Tram: 15
Bus: 29, 43
1515/16 wurde der Turm, das Aushängeschild der Stadt, im Auftrag von Dom Manuel I vom Architekten Francisco de Arruda begonnen und 1521 fertiggestellt. Das Bauwerk aus einem viereckigen Turm und einem Bollwerk auf sechseckigem Grundriß zählt zu den gelungensten Beispielen der manuelinischen Baukunst. Ursprünglich befand es sich inmitten des Tejo, aber die künstliche und natürliche Veränderung des Flußlaufes brachte es an Land. Lange Zeit diente der Turm auch als Staatsgefängnis. Nach den Renovierungsarbeiten glänzt der Turm wieder in gewohnter Pracht. In klaren Mondnächten ein unvergleichliches Erlebnis!

Kirchen

Basílica da Estrela (F 6)

Praça da Estrela
Tgl. 7.30–13, 15–20 Uhr
Tram: 25, 28
Bus: 9, 20, 22, 38
Extra-Tour 2: s. S. 86

Convento do Carmo (J 6)

Largo do Carmo
z. Zt. wegen Renovierung geschl.
Bus: 58, 100
Aufzug: Elevador de Santa Justa
Aus dem 14. Jh. stammt diese Kirche mit dem angeschlossenen ein-

stigen Karmeliterkloster. Die westliche Hauptfassade mit dem schönen Eingangsportal ist vom Largo do Carmo aus zu sehen. Erst von der Brücke des Elevador de Santa Justa erkennt man die Größe der Klosterkirche, die regelrecht in den Hang gebaut wurde. 1755 zerstörte das Erdbeben das Dach der Kirche, die das bedeutendste Zeugnis der Gotik in Lissabon ist. Auch ohne Dach ist es ein Ort der Stille, und inmitten der Stadt kann man den Flügelschlag der Tauben hören. Heute befindet sich in der Kirche das archäologische Museum.

Igreja de São Roque (H 6)

Largo Trindade Coelho
Mo–Sa 8.30–17,
So und feiertags 8.30–13 Uhr
Bus: 58, 100
Von außen eher schlicht, aber im Innern ist die Kirche aus dem 16. Jh. umso reicher ausgestattet. Nach dem Erdbeben von 1755 wurde sie z. T. neu aufgebaut. Kostbarster Besitz ist die Kapelle São João Baptista, ein Zeugnis italienischer Kunst des 18. Jh. König Dom João bestellte diese Kapelle 1742 in Rom. Nachdem sie aus den erlesensten Materialien gefertigt worden war, wurde sie zerlegt und zusammen mit den Künstlern nach Lissabon verschifft, wo sie seit 1749 steht.

Igreja de São Vicente de Fora (K 6)

Largo de São Vicente
Tram: 28
Tgl. 10–17 Uhr
Erbaut wurde die Kirche mit der Renaissancefassade und den schönen Stufen zu Ehren des hl. Vinzenz, dessen Gebeine der Legende nach vor der Algarve aus einem Boot geborgen wurden. Die Urne

mit seiner Asche befindet sich im Innern. Zur Belagerung der Araber kampierte 1147 das Heer von Dom Afonso Henriques an der Stelle, wo einen Monat nach der Zurückeroberung der Stadt der Grundstein für die Kirche gelegt werden sollte. 1580 wurden Kloster und Kirche unter Filipe II neu gestaltet. Das Erdbeben von 1755 beschädigte den Bau so stark, daß er völlig neu errichtet werden mußte.

Mosteiro dos Jerónimos (Nebenkarte Belém)

Praça do Império
Kreuzgang Di–So 10–17 Uhr, Mo geschl.
Tram: 15
Bus: 29, 43
Das Kloster wurde zwar nicht, wie so oft angenommen, anläßlich der Entdeckung des Seeweges nach Indien errichtet. Dieses gewaltige Meisterwerk manuelinischer Kunst, das unter Dom Manuel I entstand, zeugt jedoch von dem Reichtum, den die Seefahrer aus den Kolonien mitbrachten; die Ornamente bestehen aus Schiffstauen, exotischen Pflanzen und Tieren. Die Grundsteinlegung fand 1502 statt, erster Architekt war Diogo Boytac, das Westportal der dreischiffigen Hallenkirche, Igreja de Santa Maria, schuf 1517 Nicolas Chanterène. In den Seitenschiffen stehen sich die reich verzierten Grabmäler Vasco da Gamas und Luís de Camões gegenüber.

Sé Patriarcal (K 7)

Largo da Sé
Tgl. 10–17 Uhr
Tram: 28
Mit dem Bau der Lissabonner Kathedrale wurde Mitte des 12. Jh. begonnen. Dazu mußten erst einmal die Mauren vertrieben werden, über dem Innenhof der alten Moschee entstand dann die Kirche. Auf den Beschädigungen durch mehrere Erdbeben und dem anschließenden Wiederaufbau beruht die etwas unausgeglichen wirkende Architektur aus verschiedenen Stilrichtungen. Eine Besonderheit ist ein romanisches Taufbecken, über dem angeblich der hl. Antonius getauft wurde. In einer gotischen Kapelle des linken Seitenschiffs kann man die barocke Weihnachtskrippe mit Terrakotta-Figuren von Machado de Castro besichtigen. 1990 begann man in der Kirche mit Ausgrabungsarbeiten, an denen sich fast die ganze Stadtgeschichte seit den Phöniziern ablesen läßt.

🔷 Miradouros

Die Stadt auf sieben Hügeln bietet wunderbare Aussichtspunkte. Die Miradouros sind schön gestaltete Ruheplätze für den Stadtspaziergänger und, wie der Miradouro Santa Luzia, beliebte Treffpunkte der Lissabonner.

Castelo de São Jorge (K 6)

Tram: 28
Wer sich mit der Stadt vertraut machen will, kann erst einmal den Blick vom Castelo de São Jorge über Lissabon schweifen lassen. Vom Burghügel aus sieht man die anderen sechs Hügel, auf denen Lissabon angeblich einst erbaut wurde. Man sieht bis zur Ponte 25 de Abril, hat einen Ausblick auf die Unterstadt, den Chiado, die weiße Basílica da Estrela, die dachlose Carmo-Kirche bis zum auffälligen Amoreiras Shopping-Center. Die Aussicht ist am Vormittag und gegen Abend am schönsten, da das Licht dann besonders weich ist.

Zeichen des Sieges über die Mauren: die Kathedrale Sé Patriarcal

Sightseeing

Hoch hinauf in Lissabon: Elevador de Santa Justa

Elevador de Santa Justa (J 6)
Rua Aurea/Rua de Santa Justa
Metro: Rossio
Bus: 31, 36, 41
Nicht Gustave Eiffel, sondern Raúl Mesnier du Ponsard hat diesen Aufzug 1902 gebaut, dessen Stahlkonstruktion in der Tat an den Eiffelturm erinnert. Er verbindet die Unterstadt mit dem Largo do Carmo. Schon die Fahrt in dem holzgetäfelten Aufzug ist ein Erlebnis. Nach ganz oben gelangt man über eine Wendeltreppe. Dort findet sich die Esplanada Céu de Lisboa, wo man sich an der phantastischen Aussicht erfreuen kann, wenn man schwindelfrei ist.

Igreja da Graça (K 5)
Largo da Graça
Tram: 28
Der Miradouro da Graça an der gleichnamigen Kirche ist besonders an lauen Sommerabenden und -nächten ein vielbesuchter, luftiger Ort. Dann kann man im

Straßencafé sitzen und den faszinierenden Ausblick genießen.

Santa Catarina (H 7)
Rua Santa Catarina
Tram: 28
Bus: 15
Kabelbahn: Elevador da Bica
Wenn es für die Diskotheken im Bairro Alto noch zu früh ist, bietet sich ein kleiner Spaziergang zum Miradouro Santa Catarina an. Von hier blickt man auf den Tejo, den Hafen und die Rua 24 de Julho. Da die Portugiesen stets auch um das leibliche Wohl besorgt sind, gibt es auf dem Platz natürlich ein am Abend gut besuchtes Straßencafé.

Santa Luzia (K 6)
Largo Santa Luzia
Tram: 28
Bus: 37
Den schönsten Blick auf die Alfama hat man vom Miradouro Santa Luzia. Die Straßenbahn Nr. 28 hält direkt davor. Atemberaubend ist die Aussicht über die verschachtelten roten Dächer der alten Häuser zum Tejo und zur anderen Seite des Flusses. An dem Aussichtspunkt mit Bänken, einem kleinen Garten und schönen Azulejos, auf denen das alte Lissabon zu erkennen ist, treffen sich alte Männer zum täglichen Plausch, verliebte Paare geben sich ein Stelldichein.

São Pedro de Alcântara (H 6)
Rua São Pedro de Alcântara
Tram: 24, 25
Bus: 15, 100
Kabelbahn: Elevador da Glória
Mit dem Elevador da Glória geht es von der Avenida da Liberdade hoch ins Bairro Alto. Hält man sich dann rechts, gelangt man zum Jardim de São Pedro de Alcântara. Von dort sieht man über die Avenida da Liberdade auf den Burghü-

gel, die Mouraria und Graça und natürlich auf den Tejo – eine unverzichtbare Einstimmung, bevor der Abend im Bairro Alto so richtig beginnt.

Museen

Casa Fernando Pessoa (E 5)
Rua Coelho da Rocha, 16–18
Mo–Sa 10–18 Uhr, So geschl.
Tram: 25, 28
Bus: 9, 18, 74
In diesem Haus verbrachte Pessoa (Extra-Tour 1, s. S. 84 f.) seine letzten 16 Lebensjahre. Heute ist es ein Haus der Lyrik mit einem Ausstellungssaal und einer Bibliothek. Das Zimmer des Dichters wird von verschiedenen Künstlern immer wieder neu gestaltet. Regelmäßig finden im Pessoa-Haus Dichterlesungen statt. Eine eigene Lyrikzeitschrift wird hier herausgegeben. Schön ist auch der Garten mit einem Café-Restaurant.

Centro de Arte Moderna (G 2)
Rua Dr. Nicolau Bettencourt
Di–So 10–13, 14–19.30 Uhr,
Mo geschl.
Bus: 18, 42, 51
Ausstellungen moderner portugiesischer Kunst. ACARTE heißt die Abteilung der Gulbenkian-Stiftung, der dieses Museum untersteht. Die ständige Sammlung zeigt Werke der portugiesischen Moderne von Almada Negreiros über Vieira da Silva bis zu den Surrealisten des Landes.

Museu Arpad Szenes – Vieira da Silva (F 4)
Praça Jardim das Amoreiras, 58
Mo/Mi–Sa 12–20, So 10–18 Uhr,
Di geschl.
Bus: 74

Seit 1994 besteht dieses Museum in einer ehemaligen Seidenfabrik und zeigt Bilder von einer der bekanntesten Malerinnen Portugals und ihres Lebenspartners. Auch wechselnde Ausstellungen.

Museu Calouste Gulbenkian (G 2)
Avenida de Berna, 45
Di–So 10–17 Uhr, Mo geschl.
Bus: 16, 26, 31, 41, 46, 56
Das Museum beherbergt die beeindruckende Sammlung des einst reichsten Mannes der Erde. Calouste Gulbenkian (1869–1955), ein in Konstantinopel geborener Armenier, kam während des Zweiten Weltkrieges nach Portugal. Zwei Jahre vor seinem Tod gründete er die Gulbenkian-Stiftung. Ausgezeichnete Stücke ägyptischer und griechischer Kunst, wertvolle Münzen, Teppiche, europäische Malerei und Schmuck – insgesamt mehr als 6000 Exponate aus seinem Nachlaß sind seit 1969 in dem Museum zu besichtigen. Einzigartig ist die Sammlung des Schmuckdesigners und Jugendstilkünstlers Lalique mit 180 Objekten.

Museu da Cidade (nördlich H 1)
Palácio Pimenta
Campo Grande, 245
Di–So 10–13, 14–18 Uhr,
Mo geschl.
Metro: Campo Grande
Bus: 3, 102, 106
Historische Dokumente informieren über die Stadtgeschichte vor und nach dem Erdbeben von 1755 bis zur Gründung der Republik im Jahr 1910. Ein großes Modell zeigt, wie Lissabon vor dem verheerenden Erdbeben ausgesehen hat. Außerdem ist eine Sammlung mit Malerei und Skulpturen portugiesischer Naturalisten zu sehen.

Sightseeing

Museu do Chiado (H 7)
Rua Serpa Pinto, 4
Di 14–18, Mi–So 10–18 Uhr,
Mo geschl.
Tram: 28
Bus: 58, 100
13 Jahre war das Museum für zeitgenössische Kunst geschlossen, erst 1994 wurde es unter dem neuen Namen renoviert wiedereröffnet. Zu sehen sind Werke von portugiesischen Malern von 1850–1950. Ein Besuch lohnt nicht nur wegen der portugiesischen Naturalisten, sondern auch wegen der besonderen Räumlichkeiten.

Museu Nacional de Arte Antiga (F 8)
Rua das Janelas Verdes, 9
Di 14–18, Mi–So 10–12.30,
14–18 Uhr, Mo geschl.
Bus: 27, 40, 49, 60
Bedeutende Sammlung portugiesischer, deutscher und flämischer Malerei, nationale und internationale Keramik. Bekanntestes Werk des Museums ist das Triptychon »Die Versuchung des hl. Antonius« von Hieronymus Bosch. Als wichtigstes portugiesisches Werk gilt das Polyptychon des Vinzenz-Altars aus der Igreja São Vicente de Fora, das dem Hofmaler Nuno Gonçalves zugeschrieben wird. Aber auch bedeutende Altmeister wie Dürer, Cranach und Holbein d. Ä. sind vertreten. In dem Café-Restaurant im außerordentlich schönen Museumsgarten kann man auch noch am Abend sitzen.

Museu Nacional do Azulejo (M 4)
Rua da Madre de Deus, 4
Di 14–18, Mi–So 10–18 Uhr,
Mo geschl.
Bus: 42, 59
Im ehemaligen Convento da Madre de Deus in Xabregas, gegründet 1509 von Königin Dona Leonor, findet sich seit 1980 das Nationalmuseum mit einer großen Sammlung einheimischer und ausländischer Azulejos vom 15. Jh. bis zur Gegenwart. Das Museum bietet auch einen Einblick in die Techniken der Herstellung und die Geschichte der Kacheln, die in Portugal vorwiegend im 15. und 16. Jh. Verwendung fanden. Sie stammten vornehmlich aus dem spanischen Sevilla und waren als Bodenbelag gedacht. Schon bald dienten sie auch als Wand- und Altarschmuck. Eines der herausragenden Exponate ist das Werk »O Retábulo de Nossa Senhora da Vida« vom Ende des 16. Jh. Es besteht aus 1384 Azulejos.

Casa do Fado e da Guitarra Portuguesa (K 6)
Largo do Chafariz de Dentro
Di–So 10–13 und 14.30–18 Uhr
Tram: 3, 16, 24
Seit Ende 1998 hat Lissabon endlich ein Museum, das sich ganz dem Fado verschrieben hat. Beim Rundgang durch nachgestellte Orte, an denen diese so typischen Lieder gesungen wurden, lernt man viel über die Kultur, die inzwischen schon reif für dieses sehr attraktive Museum zu sein scheint.

Museu Nacional dos Coches (Nebenkarte Belém)
Praça Afonso de Albuquerque
Di–So 10–17.30 Uhr,
Mo geschl.
Tram: 15
Bus: 14, 27, 43, 49, 51
Das Museum ist im ehemaligen Reitstall des Palácio de Belém untergebracht. Es handelt sich um die zumindest in Europa bedeutendste und größte Sammlung von Kutschen und Karossen aus dem 16.–19. Jh.

Parks und Gärten

Cemitério dos Prazeres (D 6)
Parada dos Prazeres
Tram: 25, 28
Bus: 9, 18, 74
Der Prazeres-Friedhof ist mit seinen Straßen und monumentalen Gräbern eine wahre Stadt der Toten. Ein Gang über den Friedhof ist auch ein gruseliges Erlebnis, denn an so manchem Grab befindet sich die Aufschrift *abandonado*, verlassen. Der Blick in die offenen oder eingefallenen Grabstätten führt unweigerlich zu einer Gänsehaut. Hier war auch Fernando Pessoa bestattet, bevor er seinen Platz an der Seite der Großen im Mosteiro dos Jerónimos in Belém erhielt.

Jardim Botânico (G 5)
Rua da Escola Politécnica
Tgl. 9–18 Uhr
Bus: 58, 100
Nördlich des kleinen Parks Príncipe Real befindet sich dieser Garten vom Ende des 19. Jh. Er galt als einer der schönsten botanischen Gärten Europas und lohnt auch heute noch einen Besuch.

Jardim da Estrela (F 6)
Praça da Estrela
Tgl. 8–22.30 Uhr
Tram: 25, 28
Bus: 9, 20, 22, 38
Sicherlich einer der schönsten Gärten der Stadt gegenüber der Basilica da Estrela und beliebter Treff für jung und alt. Hier sieht man Rentner beim Kartenspielen oder verliebte Pärchen auf der Parkbank. Neben einem sehr alten Baumbestand gibt es Teiche und eine Caféteria.

Jardim Gulbenkian (G 2)
Avenida de Berna
Di–So 10–17 Uhr, Mo geschl.
Bus: 16, 26, 31, 41, 46, 56
8 ha groß ist dieser Garten, der zusammen mit der Gulbenkian-Stiftung (s. S. 75) eine Einheit bildet. Neben einem See und den vielen Skulpturen gibt es auch ein kleines Amphitheater. Hier werden in den Sommermonaten gelegentlich Konzerte gegeben.

Abendstimmung am Tejo

 Ausflüge

Cabo da Roca

Auf dem Weg von Cascais nach Colares kommt man zunächst an der **Praia do Guincho** vorbei, einem Paradies für Surfer, dann geht es über zahlreiche Kurven hoch in die malerische Serra de Sintra. Folgt man dem Schild Richtung Azóia, fährt man direkt auf den 1772 erbauten Leuchtturm am Cabo da Roca zu. Luís de Camões schrieb, daß hier das Land ende und das Meer beginne, und man glaubt es unmittelbar. 130 m hoch steht man auf einer Plattform über dem Meer, es ist der westlichste Punkt des europäischen Festlandes. Am Sonntag morgen ist hier Treffpunkt für Motorradfahrer. Es gibt ein Café, ein Restaurant und Souvenirstände.

Anfahrt: Von Cascais mit dem **Auto** Richtung Colares über die N 247 (dem Wegweiser nach Azóia folgen).

Cascais und Estoril

Noch um die Jahrhundertwende war das ehemals kleine Fischerdorf Cascais ein eleganter Badeort, wo sich die bessere Gesellschaft zu treffen pflegte. Heute leben im 26 km von Lissabon entfernten Cascais knapp 30 000 Einwohner, darunter viele Deutsche. Vor allem bei Reisenden aus England erfreut sich der sympathische Ort großer Beliebtheit, wie die zahlreichen Pubs erkennen lassen.

Über eine schöne Uferpromenade kann man ins nahegelegene **Estoril** spazieren. Estoril ist ein Bade- und Kurort mit einem berühmten Spielkasino. Bekannt sind die schönen Villen, die sich oberhalb des Kasinos befinden, sowie die Praia da Tamariz vor den Kuranlagen. Das 32 °C warme Heilwasser soll vor allem bei Hautleiden und Gicht helfen.

Anfahrt: Mit dem **Auto** über die Estrada Marginal. Mit dem **Zug** halbstündlich von der Estação Cais do Sodré.

Costa da Caparica

Einst ein kleiner Fischerort, ist Caparica heute mit Apartmenthäusern zugebaut. Der kilometerlange Strand (s. S. 64) gehört jedoch zu den schönsten des Landes. Das beliebte Ausflugsziel der Lissabonner wird mittlerweile von immer mehr Touristen besucht. Vom Ort aus fährt eine kleine Bimmelbahn am Strand entlang, und man steigt aus, wo es gefällt.

Anfahrt: Mit dem **Auto** über die Ponte 25 de Abril, dann der Abfahrt Caparica folgen. Mit der **Fähre** von der Gare Marítima de Belém nach Porto Brandão, von dort weiter mit dem Bus. Von Juni–Sept. fährt ab Entrecampos der **Sonderbus** Nr. 75 zum Strand von Caparica.

Beliebter Surfspot: die Praia do Guincho zwischen Cascais und dem Cabo da Roca

Ericeira

Nur 11 km von Mafra entfernt liegt dieser kleine Fischerort. Malerisch sind die weiß-blauen Häuser in den typischen Farben der Region. Hier finden sich zwischen steilen Klippen gelegene Strände und ein kleiner Fischereihafen. An den Wochenenden wird Ericeira besonders von Ausflüglern aus Lissabon besucht. Die Restaurants im Ort oder direkt am Atlantik bieten ausgezeichnete Meeresfrüchte und fangfrischen Fisch.

Anfahrt: Mit dem **Auto** wie nach Mafra, dann weiter auf der N 116 nach Ericeira. Mit dem **Bus** stündlich ab Campo Grande an der U-Bahnstation, Auskunft über Abfahrtzeiten bei Rodoviária, Tel. 217 58 22 12.

Mafra

Die Stadt liegt auf einem Hochplateau, ca. 11 000 Menschen leben hier. Bestimmt wird Mafra einzig und allein von dem gewaltigen Kloster, einem der größten Bauwerke des Landes. José Saramago beschrieb es in seinem Roman »Das Memorial«. Die Entstehung des Monumentalbauwerks geht auf ein Gelübde zurück, das Dom João V im Jahr 1711 ablegte. Er versprach die Errichtung eines Klosters, sollte seine Gemahlin ihm endlich den ersehnten Erben schenken. Sein Dank war groß. Allein die Fassade mißt 221 m. Der König verbrauchte fast das gesamte Gold aus Brasilien und ließ 50 000 Menschen, bewacht von einem Heer von 7000 Soldaten, an der Anlage arbeiten. Sie besteht aus Basilika, Kloster und Königspalast, in dem sich eine 88 m lange und 9,5 m breite Bibliothek mit mehr als 30 000 Büchern befindet, darunter wertvolle Erstausgaben.

Anfahrt: Mit dem **Auto** über die A 9 in Richtung Loures, dann auf die A 8 bis Malveira und über die Landstraße bis Mafra. Mit dem **Bus** stündlich ab Campo Grando an der U-Bahnstation, Auskunft über Abfahrtzeiten bei Rodoviária, Tel. 217 58 22 12.

Von Lissabon aus schnell zu erreichen: der hübsche Badeort Cascais

Queluz

Die 16 km nach Queluz führen an den Schlafstädten Lissabons vorbei, einer architektonischen Katastrophe von gewaltigem Ausmaß. Queluz selbst hat 50 000 Einwohner. Der Weg lohnt vor allem wegen des schönen **Palácio Nacional.** Das Schloß wurde 1758–94 im Stil des Rokoko erbaut. Der größte Teil der Arbeiten wurde von Mateus Vicente de Oliveira und dem französischen Künstler und Architekten Jean-Baptiste Robillon geplant und geleitet. Besonders sehenswert sind die Löwentreppe und der wunderbare Garten. Der Palast wird heute u. a. für Staatsempfänge genutzt. Sehr zu empfehlen ist das Restaurant **Cozinha Velha** in der alten Palastküche.
Öffnungszeiten: Palácio Nacional, tgl. 10–13, 14–17 Uhr, außer bei Festveranstaltungen.

Anfahrt: Mit dem **Auto** über die Schnellstraße IC 19 Richtung Sintra. Mit dem **Zug** halbstündlich von der Estação do Rossio.

Sintra

Wenn in ganz Portugal die Hitze drückt, findet man ca. 30 km von Lissabon entfernt in Sintra eine kleine Oase mit einem erfrischenden Mikroklima. Nicht umsonst war das Städtchen seit den Zeiten Dom Dinis Sommerresidenz des portugiesischen Hofes. Heute gehören Sintra und seine Umgebung, seit 1996 unter dem Schutz der UNESCO, zu den beliebtesten Ausflugszielen des Landes.

Den Nationalpalast, **Paço Real,** im Stadtzentrum erkennt man schon von weitem an den beiden kegelförmigen Schornsteinen. Angeblich wurde er auf den Resten einer maurischen Burg errichtet. Sehenswert sind auch die Fenster im manuelinischen Stil. Im Wappensaal mit der Pyramidenkuppel kann man die Wappen der höchsten Adelsfamilien besichtigen. Die

Anzahl der Elstern im Elsternsaal, *sala das pegas*, entspricht der damaligen Anzahl der Hofdamen. Auf diese Weise wurde dezent auf deren Spaß an Gerüchten hingewiesen. Durch den Schwanensaal gelangt man auf die Terrasse, wo Nationaldichter Luís de Camões Dom Sebastião »Die Lusiaden«, das bedeutendste Epos Portugals, vorgetragen haben soll.

In der Umgebung lohnt ein Spaziergang zum **Castelo dos Mouros.** Von der verfallenen Maurenburg, in 450 m Höhe gelegen, reicht die Aussicht von Sintra bis zum Atlantik.

Ein weiterer Höhepunkt ist der **Palácio da Pena.** Das Märchenschloß liegt inmitten eines subtropischen Parks. Vor dem Palast stand ein Kloster, errichtet 1503–11 unter Dom Manuel I, das z. T. in den Palast integriert wurde. Den Prachtbau, wie er sich heute präsentiert, erbaute der deutsche Baron von Eschwege 1840–50. Alle zu jener Zeit bekannten Baustile sollten sich in dem kuriosen Bauwerk vereinigen. So finden sich maurische Minarette neben gotischen Türmen und Renaissancekuppeln, manuelinische Elemente und Einflüsse deutscher Romantik. Kunsthistorikern ist das ›Schloß zwischen Neuschwanstein und Walt Disney‹ ein Greuel, bei den Besuchern ist es jedoch außerordentlich beliebt.

In der Nähe des Palastes, 4 km vom Stadtzentrum entfernt, befindet sich der **Parque de Monserrate.** 1540 legte Frei Gaspar Preto diesen herrlichen Garten an. Mitte des 19. Jh. verlieh ihm der Engländer Francis Cook sein jetziges Aussehen. Im Park befindet sich auch ein kleiner Palast, der aber nicht besucht werden kann.

Öffnungszeiten: Paço Real, Do–Di 10–13, 14–17 Uhr. Palácio da Pena, im Sommer tgl. 10–13, 14–18.30 Uhr, im Winter bis 17 Uhr. Parque de Monserrate, im Sommer 10–19 Uhr, im Winter 10–17 Uhr.

 Anfahrt: Mit dem **Auto** über die Schnellstraße IC 19. Mit dem **Zug** halbstündlich von der Estação do Rossio.

Verwunschenes Märchenschloß: der Palácio da Pena in Sintra

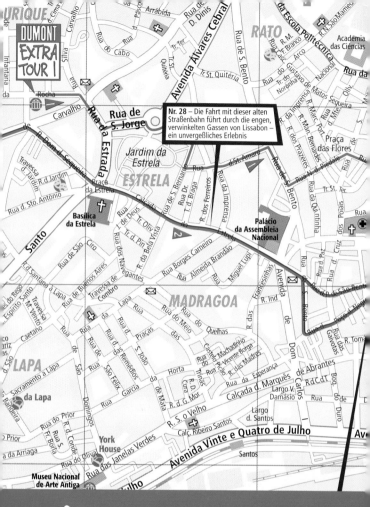

Nr. 28 – Die Fahrt mit dieser alten Straßenbahn führt durch die engen, verwinkelten Gassen von Lissabon – ein unvergeßliches Erlebnis

EXTRA-

Fünf Spaziergänge in Lissabon

1. Auf den Spuren des Schriftstellers und Dichters Fernando Pessoa

2. Nostalgische Fahrt mit der Straßenbahn Nr. 28 vom Campo de Ourique in die Altstadtviertel Alfama und Graça

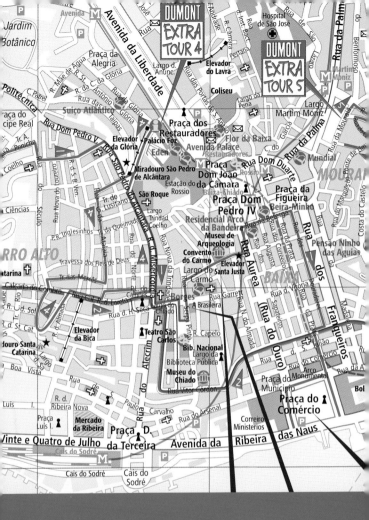

Touren

Auf den Spuren des Schriftstellers und Dichters Fernando Pessoa

Längst schon gehört Fernando Pessoa (1888–1935) zu den modernen Klassikern der Weltliteratur. An vielen Orten und Plätzen der Stadt finden sich Erinnerungen an den gebürtigen Lissabonner. Bei einem Spaziergang vom Campo de Ourique bis zur Baixa ins Café Martinho da Arcada begibt man sich auf die Spuren des ›Dichters der Heteronyme‹, der unter vielen Pseudonymen schrieb, die er als selbständige menschliche und poetische Individuen verstand.

In der Rua Coelho da Rocha, 16–18, im Bürgerviertel Campo de Ourique, hat Fernando Pessoa die letzten 16 Jahre bis zu seinem Tode gelebt. Hier schrieb er in seinem kleinen Zimmer, und hier stand die legendäre Truhe, in der sich nach seinem Tode der enorme Nachlaß fand. Fast alle seine Werke sind erst posthum erschienen. Er bereitete gerade die Herausgabe seines Werkes vor, als er starb. Das Haus beherbergt heute die **Casa Fernando Pessoa,** ein dem Dichter gewidmetes und schön renoviertes Literaturhaus mit angenehmer Gastronomie im Garten (s. S. 75). Das Gebäude wurde neu gestaltet, da man nicht mehr weiß, wie es zur Zeit Pessoas ausgesehen hat. Nur die Treppe und das Geländer bis zu seinem Zimmer wurden belassen. Es ist ebenso unbekannt, wie sein Zimmer eingerichtet war. Alle vier Monate erfindet es deshalb ein Künstler neu.

Auf dem Weg zum Chiado lohnt ein Abstecher zum Aussichtspunkt **São Pedro de Alcântara** (s. S. 74 f.). Ein Blick von hier im Mondlicht auf die Stadt war Pessoa mehr als Landleben und Natur ihm hätten geben können. Vom Ende geht es dann an den Anfang: zu seinem **Geburtshaus** am Largo de São Carlos, 4, wo Pessoa am 13. Juni 1888 im vierten Stock links zur Welt kam. Eine schlichte Tafel erinnert an den Geburtstag des für die Literaturgeschichte so bedeutenden Mannes. Seit die Stadt beschlossen hat, auch dieses Haus zu renovieren, steht der Besucher nur noch vor einer Fassade, an der man den Hinweis auf den Dichter derzeit vergeblich sucht.

In der nahen Rua Garrett, 120, wurde Pessoa vor dem **Café A**

Vor dem Café A Brasileira hat Pessoa seinen angestammten Platz

Brasileira (s. S. 41 f.) in Bronze verewigt. Im Leben des Dichters war das Café ein wichtiger Ort. Hier trafen sich Künstler und Intellektuelle und bereiteten die ästhetische Moderne in Portugal vor. In den Zeiten der Diktatur zählten auch viele Regimekritiker zu den Stammgästen. Bekannt ist der Ausspruch eines Geheimdienstlers, der zu einem der Gäste sagte: »Wären wir nicht im Brasileira, dann müßte ich Sie verhaften.«

Etwas weiter unterhalb steht die **Basílica dos Mártires,** wo Fernando Pessoa am 21. Juli 1888 getauft wurde. Ihr Glockenschlag war für ihn wie der Klang *seines* Dorfes, des Chiado. Er meinte, nicht viel weiter reisen zu müssen, denn »Existieren«, so schrieb er einmal, sei »Reisen genug«. Um 1910 zog er ins Haus Nr. 18 am nahen **Largo do Carmo.** Der Platz mit den Straßencafés vor dem **Convento do Carmo** (s. S. 71) zählt zu den schönsten der Stadt.

Vom Chiado geht es in Pessoas bevorzugtes Viertel, in die Baixa, wo er als Handelskorrespondent tätig war. In der **Rua dos Douradores** lebte und arbeitete er als Hilfsbuchhalter, der sich in der li-terarischen Figur des Bernardo Soares wiederfindet. Unter diesem Namen erschien Pessoas bekanntestes Werk »Das Buch der Unruhe«. Bernardo Soares war mehr als eine fiktive Figur. Er war vielmehr das ›alter ego‹ des Dichters, das tage- und nächtelang durch Lissabon streifte und die Eindrücke sammelte, die man in seinen Büchern nachlesen kann.

Am Ende des Tages ging Pessoa oft zur Praça do Comércio in sein Café unter den Arkaden, ins **Martinho da Arcada** (s. S. 35). Das Café-Restaurant war übrigens fast in Vergessenheit geraten und ziemlich heruntergekommen, ehe sich ein Förderkreis fand, der seine Renovierung unterstützte und es 1990 erneut öffnen konnte. Im einstigen Treffpunkt der bekanntesten Künstler der Stadt war auch Pessoa Stammgast. Er saß dort stets vor einem Glas Wein oder *Macieira* und schrieb. Verläßt man das Café in den Abendstunden, kann man, wie Fernando Pessoa, den Blick auf die Praça do Comércio und den Tejo mit seinen Booten und Möwen richten, die, ins milde Abendlicht getaucht, eine einzigartige Atmosphäre versprühen.

Nostalgische Fahrt mit der Straßenbahn Nr. 28 vom Campo de Ourique in die Alfama

Wie oft wurde nicht schon über die Fahrt mit der Linie 28 geschrieben. Von Hans Magnus Enzensberger bis zu den Feuilletonisten so mancher Zeitschrift schwärmten sie alle von der alten *eléctrico*, die im gemächlichen Tempo rumpelnd durch die schönsten Viertel der Stadt fährt. Obgleich viele Touristen die schon fast obligatorische Tour vom Campo de Ourique bis in die Altstadtviertel Alfama und Graça unternehmen, sollte man sich dieses einmalige Erlebnis nicht entgehen lassen.

Die Fahrt beginnt am **Prazeres-Friedhof** (s. S. 77) im Campo de Ourique. Man tut gut daran, recht früh am Morgen zu starten, dann gibt es noch Fensterplätze, und die Schienen sind – mit ein wenig Glück – noch nicht von Autos zugeparkt. Eben wegen dieser Parkgewohnheiten einiger Autofahrer läßt sich die Fahrtdauer niemals im voraus berechnen, mal sind es 60, mal 90 Minuten bis zur Endstation.

Zunächst geht es durch Campo de Ourique, vorbei am beliebten Café Canas und dann bergab nach Estrela. Rechts steht die **Basílica da Estrela** aus der zweiten Hälfte des 18. Jh. Sie wird nachts angestrahlt und ist mit ihrer leuchtend weißen Kuppel weithin sichtbar. Die Kirche im Stil des Barock wurde nach Plänen von Mateus Vicente de Oliveira errichtet, dem Architekten des Schlosses von Queluz (s. S. 80). Nach seinem Tode wurde sie im klassizistischen Stil vollendet. Die Außenfassade wird von zwei Glockentürmen flankiert. Begründet wurde die Kirche von Dona Maria I, ihr Mausoleum kann man im Innern besichtigen. Auf der linken Seite findet sich der Zugang zur schönen, sehr gepflegten Gartenanlage, **Jardim da Estrela** (s. S. 77), die zwischen 1842 und 1852 angelegt wurde.

Es folgt São Bento mit dem imposanten **Palácio da Assembleia da República.** In dem einstigen Kloster tagt heute das Parlament. Zum Parlamentsgebäude gehört ein großer Garten, der für die Öffentlichkeit nicht zugänglich ist.

Durch enge Kurven geht es durch das Bairro Alto und am **Largo de Camões** mit der Statue von Portugals Nationaldichter vorbei. Wer aussteigt, kann das schön

Immer ein besonderes Erlebnis: eine Fahrt mit der nostalgischen Eléctrico Nr. 28

gearbeitete Straßenpflaster auf dem Platz bestaunen. Weiter geht es in den Chiado, links sieht man das Café A Brasileira (s. S. 41 f.). Die Straßenbahn biegt nun in die **Rua António Maria Cardoso** ein. Die Straße war einst für Oppositionelle mit Schrecken verbunden, denn hier befand sich das Hauptquartier von Salazars Geheimpolizei, der sogenannten Pide.

Mit einigem Gerumpel fährt die Nr. 28 in die Baixa. Dort begegnet man immer wieder auch der Konkurrenz der alten Straßenbahn: hochmoderne, mit Werbung zugeklebte, klimatisierte und komfortable Bahnen. Wer sich vorstellt, Tag für Tag mit der behäbigen Nr. 28 zur Arbeit fahren zu müssen, wird verstehen, warum viele Lissabonner die neuen Niederflurwagen schätzen. Schneller sind sie allerdings kaum, denn sie benutzen ja die gleichen Schienen. Nun beginnt schon der Aufstieg Richtung Kastell und Alfama.

Die Tram Nr. 28 zwängt sich nun durch enge Gassen, passagenweise nur eine Handbreit von den Hauswänden entfernt. Kleine Jungs nutzen diese Engpässe für eine nicht ungefährliche Mutprobe. Sie hängen sich außen an die Bahn und springen erst im letzten Moment ab.

Die Tram passiert den **Largo de Santo António da Sé,** wo sich früher die Liebespaare trafen, schließlich ist der hl. Antonius ihr Schutzpatron. Bei den Stadtfesten im Juni (s. S. 59) ist der Platz nach wie vor Mittelpunkt. Dann kann man dort Majoran *(manjerico)* in Tontöpfen kaufen, um es der Liebsten zu schenken.

Die **Sé Patriarcal,** die Kathedrale (s. S. 72), sieht man zur Rechten, bevor man den **Miradouro Santa Luzia** (s. S. 74) erreicht. Hier sollte man aussteigen, denn der Blick von diesem Aussichtspunkt über die Alfama und den Tejo ist herrlich. Von hier aus bietet sich ein Bummel hoch zum Castelo de São Jorge an, ein Besuch des alten Viertels Graça oder ein Streifzug durch die verwinkelten Gassen der Alfama. Und wer dann noch nicht genug hat von klappernden Straßenbahnen und quietschenden Schienen, der kann den ganzen Weg auch wieder zurück machen.

Palácio Nacional
da Ajuda

Estádio do
Resfelo

Capela dos
Jerónimos

BELÉM

Torre de Belém

Palácio
de Belém

Belém und die Seefahrer

Wenn es im Sommer in Lissabon sehr heiß ist, bietet sich ein Spaziergang durch Belém an. Etwa 5 km westlich vom Zentrum liegt dieser Stadtteil am Tejo, wo es meist etwas kühler ist und ein frischer Wind weht. Die großzügige Anlage des Viertels mit den historisch bedeutsamen Bauten, grünen Parkanlagen, einer breiten Uferpromenade und vielen Straßencafés kann eine sehr wohltuende Wirkung haben, wenn man der oft hektischen Großstadt einmal entfliehen will. Oberhalb befindet sich das Villen- und Diplomatenviertel Restelo, ein reines Wohnviertel, in dem es außer prächtigen Villen wenig gibt.

Wer von Lissabon kommt, sollte entweder an der Praça Afonso de Albuquerque das berühmte Kutschenmuseum, **Museu Nacional dos Coches** (s. S. 76), oder etwas weiter in der Rua de Belém das Café **Fábrica dos Pastéis de Belém** (s. S. 42 f.) mit seinen vielen Sälen und den schönen Azulejos besuchen. Dort kann man die hervorragenden Blätterteigpasteten, *pastéis de Belém*, probieren.

Bereits seit 1837 gibt es dieses Café, in dem die alten Backöfen noch immer funktionieren. So gestärkt kann man sich der großen Geschichte stellen.

Belém verdankt seinen Glanz den Seefahrern. Am 25. Juli 1415 brachen auf 242 Schiffen etwa 20 000 Mann von hier auf, um das nordafrikanische Ceuta zu erobern. Kolumbus machte hier vom 4.–13. März 1493 auf seiner Rückreise von der Entdeckung Amerikas halt. Vasco da Gama segelte von Belém am 8. Juli 1497 los und entdeckte den Seeweg nach Indien, und auch Pedro Álvares Cabral startete am 8. März 1500 von der gleichen Stelle. Seine Fahrt gilt als die offizielle Entdeckung Brasiliens. Der beeindruckende Monumentalbau des **Hieronymitenklosters** (s. S. 72) und der **Turm von Belém** (s. S. 71) sind die reichsten Zeugnisse dieser Fahrten und des unermeßlichen Reichtums, den die Kolonien dem kleinen Land brachten. Allein die Besichtigung dieser manuelinischen Kunstwerke lohnt den Weg nach Belém. Kein Wunder, daß sich Portugal 500 Jahre später auf der Weltausstellung EXPO '98 mit dem Motto »Ozea-

Von Belém brachen die Portugiesen zu ihren Entdeckungsfahrten auf

ne, Erbe für die Zukunft« präsentierte.

Neben den monumentalen Bauwerken, zu denen sich seit 1993 auch das Kulturzentrum **Centro Cultural de Belém** (s. S. 68 f.) gesellt, sollte auch die kleine **Capela dos Jerónimos** besucht werden. Sie findet sich oberhalb des Klosters in der Nähe des Fußballstadions (Estádio do Restelo). Erbaut wurde die nur ca. 11 m lange Kapelle zu Beginn des 16. Jh. von Diogo Boytac, der auch der erste Architekt des Hieronymitenklosters war. Die Kapelle besticht durch ihre Schlichtheit und die ausgewogenen Proportionen. Leider ist sie meist verschlossen. Der Platz vor der Kapelle lohnt ebenso den Besuch. Dort, wo das Blattwerk der Bäume nicht zu dicht ist, öffnet sich ein schöner Ausblick auf Belém und den Fluß.

Wem der Sinn nach einem herrlichen Panoramablick steht, kann auf die Aussichtsplattform des **Denkmals der Entdeckungen** (s. S. 69) fahren. Fluß, Kloster und Kulturzentrum zeigen sich dann in all ihrer Größe. In dem Aussichtsturm gibt es zudem noch zwei Ausstellungsräume.

Ein historisch bedeutsamer Ort ist auch der **Beco do Chão Salgado.** Hier befand sich das Haus der Távoras, die am 3. September 1758 ein gescheitertes Attentat auf Dom José I verübten. Der Boden wurde anschließend mit Salz verunreinigt, damit dort nie wieder etwas wüchse. An dem Ort, an dem der Anschlag verübt worden war, ließ der König die **Igreja da Memória** errichten.

Oberhalb von Belém, an der Calçada da Ajuda, trifft man auf einen schönen **botanischen Garten,** den der Marquês de Pombal anlegen ließ. Am oberen Ende findet sich der **Palácio Nacional da Ajuda,** dessen Vorgängerbau bei einem Brand 1794 zerstört wurde. Hier schwor Dom Miguel 1828 auf die Verfassung. Der Palast beherbergt heute ein Museum. Im Rahmen von Wechselausstellungen sind die königlichen Gemächer zu besichtigen (Do–Di 10–17 Uhr).

Wer den Abend in Belém ausklingen lassen möchte, kann ins **Rosa dos Mares** in der Rua de Belém, 110, einkehren. Spezialität des hübschen Restaurants im ersten Stock ist *arroz de marisco*, Reis mit Meeresfrüchten.

Wenn der Abend kommt –
Im Bairro Alto sind die Nächte lang

Von der Avenida da Liberdade fährt die Kabelbahn, Elevador da Glória, den Hügel hinauf ins Bairro Alto. Oben angekommen, wendet man sich nach rechts zum **Miradouro São Pedro de Alcântara** (s. S. 74 f.), von wo man eine wunderbare Aussicht über die Stadt hat. Gegenüber diesem kleinen Garten lädt dann der **Solar do Vinho do Porto** (s. S. 54) zu einem Aperitif ein. In gediegener Atmosphäre kann man sich mit der großen Vielfalt des Portweins vertraut machen und sich angenehm entspannen, bevor man in den Abend startet.

Das Bairro Alto gehört zu den alten Stadtteilen, seine engen Gassen haben sich bis heute erhalten, da das Erdbeben und die später einsetzende Modernisierungswut hier oben fast keinen Schaden anrichteten. Bis zu den Zeiten des Marquês de Pombal, der hier aufwuchs und wohnte, war das Bairro Alto ein nobles Viertel. Die vielen Villen und Stadtpaläste mit ihren Gärten zeugen noch heute davon. Da sich die Stadt Ende des 18. Jh. immer mehr ausdehnte, gehört das Bairro Alto zu den zentralen Vierteln. Im 19. Jh. zogen hier die Zeitungen ein, der Name der Straße Diário de Notícias erinnert daran. Mit der Ansiedlung der Zeitungen und Druckereien begann auch das bis vor nicht allzu langer Zeit als anrüchig geltende Nachtleben mit vielen Bars, Tascas und preiswerten Lokalen. Allen architektonischen Neuerungen hat dieses Viertel bis heute getrotzt, jedoch leider auch dem Vorhaben, es für Autos zu sperren.

Zum Abendessen gibt es im Bairro Alto sehr viele Möglichkeiten zur Einkehr: Da ist das sympathische **1º de Maio** (s. S. 33) und das etwas noblere **Pap'Açorda** (s. S. 37) in der Rua da Atalaia. Aber warum sollte man nicht ins typische **Bota Alta** (s. S. 33) gehen, das hier schließlich eine feste Größe ist? Wer bis kurz vor 20 Uhr da ist, bekommt normalerweise gleich einen Platz, wer später kommt, muß sich in die Warteschlange vor dem Restaurant einreihen. Für die Portugiesen sind diese Wartezeiten übrigens ein Beweis für die Qualität des Restau-

Bei den zahlreichen Bars, Restaurants und Fado-Lokalen hat man im Bairro Alto die Qual der Wahl

rants und werden geduldig ertragen. Kein Wirt käme auf die Idee, seine Gäste zum schnelleren Essen anzuhalten. Wer später kommt, wartet eben!

Nach dem Essen wird es für die portugiesische Nacht noch recht früh sein. Ein Bummel durch die verwinkelten Gassen bietet sich an, vorbei an den Schleppern der Fado-Lokale (s. S. 62), in die die Besucher oft gleich aus den Bussen dirigiert werden. Die Qualität dieser Lokale ist gewiß nicht schlecht und die Musik sehr traditionell. Doch sollte man mit einem hohen Mindestkonsum rechnen.

Vielleicht zieht man dann doch lieber einen kleinen Spaziergang durch die Rua da Atalaia vor, am Elevador da Bica vorbei zum **Miradouro Santa Catarina** (s. S. 74), um dort den obligatorischen Kaffee nach dem Essen zu trinken. Schon seit 1883 gibt es diesen Aussichtspunkt. Zentrum ist die Statue des Adamastor aus blauem Marmor. Einst der Schrecken der Seefahrer, wirkt er hier wie der Wächter des Tejo.

Je später der Abend, desto voller wird es im Bairro Alto. Scharen von meist jüngeren Lissabonnern ziehen dann durch die Straßen. Übrigens gibt es hier auch interessante Mode- und Designerläden, die an den Wochenenden auch länger am Abend geöffnet haben und die Gelegenheit zu einem späten Einkaufsbummel bieten. Gegen Mitternacht lohnt schon ein Blick ins **Frágil** (s. S. 54), ebenso in der Rua da Atalaia gelegen. Richtig voll wird es in dieser immer noch topaktuellen Diskothek allerdings erst ab zwei Uhr. Wer sich zur Kulturszene rechnet – vom Filmemacher bis zum Musiker und Kulturkritiker – muß sich hier ab und zu blicken lassen, denn das gehört einfach dazu.

Wem das Bairro Alto nun nicht mehr genügen sollte, kann sich durch die Rua do Alecrim auf den Weg zu den Nachtbars (s. S. 52 ff.) am Cais do Sodré aufmachen oder von dort weiter zu den allerneuesten Diskotheken (s. S. 54 ff.) in der Rua 24 de Julho und zu den Docas ans Tejo-Ufer begeben, dort wird garantiert bis zum frühen Morgen getanzt und gefeiert. Und Schlafen kann man ja schließlich auch zu Hause.

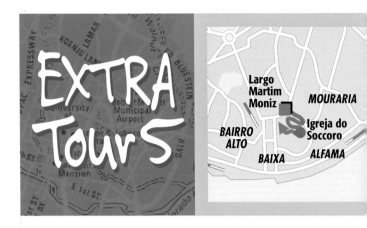

Mouraria –
Maurische Erinnerungen

»Ai Mouraria, velha Rua da Palma, onde um dia deixei presa a minha alma« – »Mouraria, alte Rua Palma, an die ich eines Tages mein Herz verlor«, singt Amália Rodrigues in einem ihrer bekannten Fados. Vom Largo Martim Moniz bis Costa do Castelo erstreckt sich die Mouraria, die mit den Vierteln Graça und Alfama zu den ältesten Stadtteilen Lissabons gehört. Die Mouraria aber wurde immer eher stiefmütterlich behandelt. Und während in der Alfama schon renoviert wurde und die traditionellen Lokale Hochkonjunktur hatten, verfiel das Viertel unterhalb des Burghügels zusehends. Mittlerweile gibt es ein großes Sanierungsprogramm, denn ein Großteil der Wohnungen besitzt weder Bad noch Küche, und einige der Häuser sind bereits in sich zusammengefallen oder vom Einsturz bedroht. Der Reisende mag sich fragen, warum so wenig geschah, um dieses historische Viertel zu erhalten. Der Hauptgrund lag in den unveränderlichen Mieten, die für die Mieter zwar angenehm waren, aber dazu führten, daß die Besitzer kein Geld für Renovierungen ausgaben. Für sie war es ein Vorteil, wenn die Gebäude verkamen, da sie darin die einzige Chance sahen, die alten Mieter mitsamt ihren günstigen Verträgen loszuwerden.

Am **Largo Martim Moniz** beginnt das Viertel, hier steht die **Kapelle Senhora da Saude.** Erbaut wurde die kleine Kapelle im Jahr 1505. Von hier aus nahm am 20. April 1570 nach verschiedenen Pestepidemien die Prozession zu Ehren der Nossa Senhora da Saude ihren Ausgang, die älteste Prozession der Stadt, bei der es auch Tanz und Musik gab. Bis 1908 fand sie ununterbrochen jedes Jahr am Donnerstag der dritten Aprilwoche statt.

Vom Largo Martim Moniz, der durch Umbauten nur noch wenig von seinem früheren Aussehen bewahren konnte, gelangt man in die einst legendäre **Rua do Capelão.** In den engen Gassen mit den schmalen Fassaden finden sich noch einige der typischen kleinen Lebensmittelläden. Hier lagen die Bars und einfachen Lokale, in denen zu den Klängen von Gitarre und Klavier Lieder von der Sehnsucht *(saudade)* und der alltäglichen Misere (s. S. 62) erklangen. In der **Rua de Fernandes da Fonseca** trafen sich in einem der berühmtesten Cafés die Fado-Sänger, auch der legendäre Sérgio spielte hier. In dem trotz seines Zustands und einiger architektonischer Eingriffe immer noch pittoresken Viertel lebt diese Tradition heute noch fort. Schließlich lebte hier auch Mitte des 19. Jh. die Fado-Sängerin Maria Severa, deren Affäre mit dem Conde de Vimioso so berühmt wurde, daß sie als Filmstoff diente. Ihr Haus liegt in der Rua do Capelão, 36. In der Mouraria trieben sich recht zweifelhafte Gestalten herum, Heilträke wurden verkauft, Liebschaften in den dunklen Ecken begonnen und zwielichtige Handel abgeschlossen. Und als 1833 die Prostitution eingeschränkt wurde, gehörte die Mouraria weiterhin zu den davon ausgenommenen Gegenden.

Vom 12.–15. Jh. war die Mouraria das Viertel der Araber, das ihnen von Dom Afonso Henriques, damals vor den Toren der Stadt, zugestanden wurde. Die **Rua de Cavaleiros** bildete das Zentrum dieses Labyrinths. 1496 wurden unter Dom Manuel die jüdischen und arabischen Viertel abgeschafft, und so zogen auch Christen in die Mouraria.

Zwei jesuitische Einrichtungen stammen bereits aus der Mitte des 16. Jh., das vierstöckige **Colégio dos Meninos Órfãos** in der Rua da Mouraria und Santo Antão-O-Velho in der Rua Marquês de Ponte de Lima. Dort befindet sich heute die **Igreja do Socorro,** nachdem der alte Bau durch das Erdbeben von 1755 vollkommen zerstört wurde. Durch die Naturkatastrophe wurden auch einige weitere Gebäude zumindest beschädigt, aber die Struktur des Viertels blieb erhalten. Erhalten haben sich auch noch viele der kleinen Kneipen und Restaurants, die wohl nie Aufnahme in einen Restaurantführer finden werden, in denen man aber sehr preiswert essen kann. Erste Erfolge der Sanierung des Viertels, die seit 1981 im Gange ist, sind zu erkennen. Geschäfte, Büros, Wohnungen und kulturelle Einrichtungen und das neu gestaltete Hotel Mundial (s. S. 27) wurden hier angesiedelt. Wenngleich die Mouraria dadurch etwas belebter wurde, beschränken sich die Neuerungen bislang auf den Rand des Viertels. Die bisherigen Strukturen im Innern sind weitgehend intakt geblieben und werden hoffentlich auch durch die Renovierungen nicht zerstört werden.

In der Mouraria begegnet man noch alten Traditionen wie dem Handwerk des Scherenschleifers

Impressum/Fotonachweis

Fotonachweis

Rolf Osang/Laif, Köln   Titelbild
Rainer Martini/Look, München   S. 9
Gerald Penzl, Köln   S. 7, 8, 10, 41, 58, 65, 68, 70, 73, 74, 79, 81
Karl-Heinz Raach/Look, München   S. 4/5, 13, 47, 50/51, 77, 85, 87, 89
Martin Thomas, Aachen   S. 1, 2/3, 6, 20/21, 25, 28, 30, 35, 37, 42, 43, 45, 48, 53, 55, 56, 63, 67, 69, 80, 91, 93

Titel: Denkmal der Endeckungen in Belém
Vignette: Straßenszene am Nationalfeiertag

Zitatnachweis

S. 4/5 aus: Fernando Pessoa. Mein Lissabon. Ammann Verlag, Zürich 1996, S. 7

Kartographie: Berndtson & Berndtson Productions GmbH, Fürstenfeldbruck
© DuMont Buchverlag

Die Deutsche Bibliothek – CIP-Einheitsaufnahme
Gerd Hammer:
Lissabon / Hammer. -Ausgabe 2000
- Köln : DuMont, 2000
(DuMont Extra)
ISBN 3-7701-5127-5

Grafisches Konzept: Groschwitz, Hamburg
© 2000 DuMont Buchverlag, Köln
Alle Rechte vorbehalten
Druck: Rasch, Bramsche
Buchbinderische Verarbeitung: Bramscher Buchbinder Betriebe
ISBN 3-7701-5127-5

Register